Theodor Janssen

Geschichte der Chicago Turn-Gemeinde

aus mündlichen Überlieferungen und Vereinsdokumenten

zusammengestellt

Theodor Janssen

Geschichte der Chicago Turn-Gemeinde
aus mündlichen Überlieferungen und Vereinsdokumenten zusammengestellt

ISBN/EAN: 9783743680098

Hergestellt in Europa, USA, Kanada, Australien, Japan

Cover: Foto ©ninafisch / pixelio.de

Weitere Bücher finden Sie auf **www.hansebooks.com**

Februar 1897.

Laßt Euch ...Versichern...

..in..

The Mutual Life Insurance Co.

...von **New York.**

RICHARD A. McCURDY, President.

Vermögen: über $235,000,000.

Charles H. Ferguson & Sons,

General-Agenten,

Tacoma-Gebäude,

Chicago, Ill.

GEORGE G. KOBER, Special Agent.

Karl Sonne,
Erster Sprecher des Chicago Turnvereins
zur Zeit der Gründung.

Geschichte

--- der ---

Chicago Turn-Gemeinde.

— ·—·—

Aus mündlichen Ueberlieferungen und Vereins-
Dokumenten zusammengestellt

— von —

Theodor Janssen.

Nebst einer gedrängten Einleitung über die Einbürgerung
der Turnerei in Amerika.

Chicago, Ill., 1897.

Vorwort.

Wenn eine Vereinigung wie die Chicago Turn-Gemeinde zur politischen und geistigen Heranbildung des Deutschthums der Stadt Chicago so wesentlich beigetragen, durch ihre vielseitigen, den Fortschritt fördernden, idealen und praktischen Bestrebungen im Laufe der 45 Jahre ihres Bestehens ein hohes Ansehen und einen weit über die Grenzen der Stadt hinausgehenden ehrenvollen Ruf erworben hat, dann geziemt es sich wohl, daß ihre interessante und ereignißreiche Entwicklungsgeschichte nicht der Vergessenheit anheimfalle, sondern in möglichst vollständiger und genauer Darstellung der Nachwelt überliefert werde.

Von dieser Erwägung ausgehend und durch mehrere Mitglieder und Freunde des Vereins angeregt, hat der Unterzeichnete sich der Aufgabe unterzogen, zum Theil aus mündlichen Ueberlieferungen, aus den Erinnerungen einiger der Gründer und älteren Mitglieder, zum Theil aus den Vereinsprotokollen eine umfassende Geschichte der Chicago Turn-Gemeinde zusammenzustellen. Es war bei dieser Arbeit sein Bestreben, mit möglichst großer Sorgfalt und Gründlichkeit vorzugehen, und da der Entwurf einem aus langjährigen und erfahrenen Mitgliedern des Vereins bestehenden Ausschuß zur Prüfung und Durchsicht vorgelegt und von demselben gutgeheißen wurde, so darf das Werk wohl auf den Grad von Zuverlässigkeit Anspruch machen, der bei dem Mangel an offiziellen Aufzeichnungen über die Periode vor dem großen Chicagoer Brande überhaupt zu erreichen ist. Für die sorgfältigen dokumentarischen Aufzeichnungen und Protokoll-Auszüge, welche der Schilderung des Wirkens der Turn-Gemeinde während der Periode nach dem Brande zu Grunde liegen, ist der Verfasser dem protokollirenden Sekretär, Hrn. E. Wm. Kalb zu besonderem Danke verpflichtet.

Möge dieses Werk dazu beitragen, den Verdiensten und Errungenschaften der Chicago Turn-Gemeinde in den weitesten Kreisen Würdigung und Anerkennung zu verschaffen, und möge es zugleich die jüngeren Mitglieder des Vereins anspornen, den alten verdienstvollen Pionieren aus der Gründungs- und ersten Entwicklungsperiode, von denen manche heute noch fest zur Fahne stehen, an Treue, Ausdauer, Willenskraft und Opferfreudigkeit im Interesse des Gesammtwohls nachzueifern.

Der Verfasser.

Einleitung.

Die Einführung der Turnerei in Amerika.

*Der Alten Rath,
Der Männer That,
Der Jungen Muth
Sind allweg gut!*

Obwohl die alten deutschen Pioniere, welche zuerst der Turnerei in Amerika Eingang verschafften, anfangs wohl schwerlich eine Ahnung davon hatten, bis zu welch hohem Grade sie durch ihre Bestrebungen bahnbrechend wirkten für deutsche Sitten und Gewohnheiten im Allgemeinen, so ist es doch heute eine unbestrittene Thatsache, daß vor Allem die Turnvereine die ersten Träger und Förderer deutscher Kultur in diesem Lande waren, und wohl nirgends liegt diese Thatsache deutlicher und offener zu Tage, als in Chicago, wo schon in der frühesten Zeit der Entwicklung des Gemeinwesens der Chicago Turnverein, der Stammvater der heutigen Chicago Turn-Gemeinde, das Herz und der Hort des Deutschthums war und wo diese Vereinigung, die im Laufe der Jahre zu einem mächtigen Bunde erstarkte, einer der wesentlichsten Faktoren in der politischen Heranbildung der Deutschen und der Befestigung des deutschen Einflusses war.

Wie aber die europäische Civilisation in der neuen Welt sich erst allmählich von den ersten, an der Atlantischen Küste gegründeten Ansiedlungen und Kolonien nach dem fernen Westen Bahn brach, so wurden auch die ersten Versuche zur Einbürgerung des Turnens im Osten gemacht, indem Schüler und Gesinnungsgenossen des Turnvaters Jahn, Männer wie Dr. Karl Follen, Dr. Karl Beck, Franz Lieber u. A. schon in den Zwanziger Jahren dieses Jahrhunderts in Boston und anderen Orten in den New England-Staaten durch Uebersetzung der Jahn'schen Turnbücher in die englische Sprache und Einführung derselben als Leitfaden für den Turnunterricht in Privatschulen für das Turnen Propaganda machten. Leider aber erwies sich jener erste, vielversprechende Versuch, der Turnerei in diesem Lande Geltung zu verschaffen, bald als ein Fehlschlag, zumal der Plan, den von der Reaction in Teutschland als gefährlicher Demagoge verfolgten Turnvater selbst nach Amerika zu berufen, an dessen unerschütterlicher Anhänglichkeit an sein Vaterland scheiterte und bald auch in Teutschland und anderen europäischen Ländern die Turnvereine polizeilich unterdrückt und damit auch der amerikanischen Bewegung der nöthige Halt entzogen wurde.

Erst nach Aufhebung der Turnsperre in Deutschland, nachdem im Jahre 1848 die Freiheitsfackel entzündet war und viele der Turner, die erfolglos ihr Leben für eine bessere Zukunft in die Schranke geschlagen, zu der neuen Welt ihre Zuflucht genommen hatten, fand sich hier genügend Material zur Gründung von Turnvereinen, die sich dann alsbald außer einer gesunden Körperentwicklung auch eine harmonische und geistig freie Erziehung der Jugend zur Aufgabe machten.

Die Gundrs-Turnhalle in Milwaukee, Wis.

Zwar scheiterten die ersten, zu Anfang des Jahres 1848 in New York, Philadelphia und anderen Städten des Ostens gemachten Anläufe zur Gründung von Turnvereinen an dem Mangel an Verständniß für die Aufgabe der Turnerei oder an der Zwiespältigkeit der Ansichten der Gründer, doch hatte der im November 1848 auf Anregung von Friedrich Hecker in Cincinnati organisirte Turnverein eine genügend sichere Grundlage, um alle Prüfungen bestehen zu können. Er hat bis heute seine Existenz bewahrt und wird im nächsten Jahre (1898) sein goldenes Jubiläum feiern. Als dann bald nach 1848 die Wogen der Reaction ganze Schaaren von kampfesmuthigen, begeisterten und thatkräftigen Turnern über den Ocean brachten, entstanden bald in den größeren Städten des Ostens deutsche Turnvereine, und auch im Süden und Westen fand dieses Beispiel Nachahmung. So machte sich denn schon im Jahre 1850 das Bedürfniß fühlbar, alle diese Vereine in einem großen Bunde zusammenzugliedern und diesen Bund, der den Namen „Nordamerikanischer Turnerbund" erhielt, zu einem Bollwerk der politischen, der religiösen und der sozialen Freiheit zu gestalten, ihm zur gleichen Zeit die Aufgabe ertheilend, durch Pflege der Leibesübungen die Jugend zu gewinnen und sie für den Fortschritt auf allen Lebensbahnen zu begeistern.

Erste Periode.

Von der Gründung bis zum großen Chicagoer Feuer.

Geschichte der Chicago Turn-Gemeinde.

(Erste Periode.)

Gründung des Chicago Turnvereins.

Bei denjenigen gegen Ende der Vierziger Jahre eingewanderten Deutschen, welche die junge, damals noch langsam und ruhig ihrer Entwicklung entgegengehende Gartenstadt am Michigansee zu ihrer neuen Heimath erkoren hatten, äußerte sich der dem Deutschen innewohnende Hang zur Geselligkeit schon sehr bald in der Entstehung von Vereinen verschiedener Art, als deren erster der im Jahre 1848 gegründete Leseverein zu bezeichnen ist. Dieser vereinigte bald das bessere Deutschthum der Stadt, zumal er sich im Laufe der Zeit eine ziemlich werthvolle Bibliothek anschaffte. Er hatte sein Hauptquartier im „Casino" an Lakestraße, wo er auch Bälle und andere Unterhaltungen veranstaltete. Obgleich nun somit dieser Verein als die erste Knospe gelten muß, welche in der Frühlingszeit des hiesigen Deutschthums ersproßt war, so bot er doch für eine rüstige Entwicklung des geistigen und gesellschaftlichen Lebens kein genügend fruchtbares Feld, und erst dem Chicago Turnverein, aus welchem später die jetzt so kräftig und mächtig entwickelte Chicago Turn-Gemeinde hervorging, blieb es vorbehalten, einen größeren Sammelpunkt des Deutschthums zu schaffen.

Dies war denn auch der ursprüngliche Zweck der am 3. Oktober 1852 in dem von Herrn Friedrich Kurth, später von Gustav May geführten „Rio Grande"-Hotel, No. 39 Lasallestraße, zwischen Lake- und Randolphstraße, abgehaltenen Versammlung einer Anzahl bekannter Deutscher, in welcher die Gründung des Chicago Turnvereins zu Stande kam. Selbstverständlich gehörte, wie schon der Name besagt, das Turnen zu den Hauptzwecken des Vereins, und da die meisten Mitglieder schon von der alten Heimath Turner waren, so wurde es auch fleißig und mit Eifer gepflegt.

Der erwähnten Versammlung war schon im September eine andere in A. Limberg's Lokal, No. 216 Ost Randolphstraße (später Schall's Naperville House), vorausgegangen, in welcher eine Mitgliederliste zur Eintragung der

Arnold Buchmann.

Namen derjenigen, welche sich dem Verein anschließen wollten, aufgelegt wurde und die folgenden Herren sich einzeichneten: Karl Sonne, W. Kellermann, Arnold Buchmann, F. Brinckmann, F. Buchrucker, A. Limberg, Ulrich Lochbühler, Andreas Braun, Gottfried Lott, Henry Roesch, Hieronimus Miller, Martin Horn, Fried. Kurth, H. Dammann, Biedenbrink, H. Behrens, Jacob Kuhn, Gustav A. May. Die in der Versammlung im „Rio Grande"-Hotel vorgenommene Wahl von Beamten, die für die ersten beiden Wochen nur provisorisch erwählt, später jedoch für permanent erklärt wurden, hatte dann folgendes Resultat: Erster Sprecher, Karl Sonne; zweiter Sprecher, H. Behrens; erster Schriftwart, Wilh. Kellermann; zweiter Schriftwart, Arnold Buchmann; correspondirender Schriftwart, F. Buchrucker; Säckelwart, F. Schrumpf; erster Turnwart, Biedenbrink; zweiter Turnwart, Ulrich Lochbühler. In dieser, sowie der folgenden, im Lokal des „dicken Weymann" abgehaltenen Versammlung, in der die Constitution und Nebengesetze angenommen wurden, nahm die Zahl der Mitglieder mit Riesenschritten zu. Von den alten Pionieren des Turnvereins nennen wir, außer den erwähnten ersten Beamten, Fritz Baumann, Ernst Prüssing, Geo. F. Blanke, Fr. Clemens, W. H. Bruns, Wilhelm Pelzer, H. Woerle, Heinrich Hach, H. Weisenbach, John Wolz, Gottfried Lott, Fritz Metzle, Gustav Pauly, Chas. Dietrich, F. P. Schmitt, W. Zahner, Wm. Zimmermann, Fred. Kunz, Jacob Kuhn, A. Reusche, Geo. Neumeister u. A., zu denen sich dann bald noch viele Andere, wie Jacob Schießwohl, David Huth, Joseph Huhn, W. Herbst, Ferdinand Lott, Wm. A. Hettich, Clemens Kirchner, Phil. Braun, Hermann Knauer, Albert und August Gerhardy, Louis Wunderle, Arthur Erbe, Justus Loehr, Albert Boese, Jacob Boser, Frank Schweinfurth, August Rieß, George Heinzmann, Fr. Kirchner, David Bitter, H. Malzacher, Jacob Fleck, Fritz Frillmann, Wm. Hummel, Eug. Gerstenhauer, Jul.

W. Kellermann.

C. Schrumpf.

Standau, John Bersbach ꝛc. gesellten. Von den jetzigen Mitgliedern ist Herr Wm. A. Hettich, der sich im Jahre 1854 dem Verein anschloß, das älteste, während Georg Heinzmann und August Ries die ältesten Turnzöglinge sind, da sie bereits 1853 als solche aufgenommen wurden. Von den heutigen Mitgliedern, die um die Mitte und gegen Ende der Fünfziger-Jahre sich dem Verein anschlossen, mögen noch die Herren Peter Hand, Fritz Hartmann, Ad. Müller, Adolf Georg, Louis Kurz, Conrad Klett, F. G. Oswald, Geo. Eylert, Jacob Enders, Fritz Niebergall, Dan. Hessemer und Georg und Philipp Enders erwähnt werden.

Diese und andere Männer waren es, welche den Grund legten zu einer deutschen Organisation, welche sich in späteren Jahren zu einer ungeahnten Stärke entwickelte und nicht nur auf dem Gebiete der Turnerei eine der ersten des Landes ist, sondern sich auch durch ihre rege und thatkräftige Betheiligung an allen öffentlichen, wichtigen Tagesfragen, vor allen Dingen durch die Bereitwilligkeit und patriotische Begeisterung, mit welcher ihre Mitglieder in der schweren Zeit des Bürgerkrieges dem neuen Vaterlande Gut und Blut opferten, einen bedeutenden politischen Einfluß eroberte. Daß sie auch später bestrebt war, das politische Selbstbewußtsein der Deutschen zu wecken und die sociale deutsche Gemüthlichkeit zu fördern, wird von Allen freudig und dankbar anerkannt. — Doch kehren wir zu den ersten Jugendjahren des Vereins zurück und verfolgen seine allmähliche Entwicklung während der vierundvierzig Jahre seines Bestehens bis zu seiner jetzigen Blüthe!

In den ersten Wochen nach der Gründung führte der Verein eine Art Nomadenleben, das heißt er zog zur Abhaltung seiner Versammlungen und Turnübungen von einem Lokal zum anderen, wie sich die Gelegenheit darbot. Als Versammlungslokal diente in der ersten Zeit unter anderen auch die Valentin Blatz'sche Wirthschaft auf der nördlichen Seite der Randolph-

John Wolf.

Erih Mehlke.

zwischen State und Dearbornstraße, mit einem provisorischen Turnplatz. Der nächste Turnplatz befand sich in einer alten Scheune an Süd-Wellsstraße, jetzt Fifth Avenue, zwischen Adams- und Monroestraße, und die ganzen Turngeräthe bestanden damals noch aus einem Reck und Barren. Zunächst setzte sich der Verein in Verbindung mit einigen Mitgliedern der freiwilligen Feuerwehr-Compagnie No. 1, deren Haus am südlichen Ende des jetzigen alten Handelskammer-Gebäudes, Ecke Washington- und LaSallestraße, stand und der sich auch mehrere Mitglieder des Turnvereins anschlossen, während wiederum der Turnverein aus der Feuerwehr-Compagnie Mitglieder rekrutirte. Auf diese Weise erhielten die Turner nicht nur ein schönes Versammlungslokal, sondern auch einige Leitern und Stricke zur Herstellung einer Streckschaukel und von Schwebereds. Von den Feuerwehrleuten traten die Herren Douglas, Stahl, Jas. Grand und Carl Maurer, welch Letzterer heute noch in Chicago wohnt, dem Turnverein bei.

Im Frühjahr von 1853 wurde in Rammelmeyer's Garten, an der östlichen Seite von State-, zwischen Adams- und Jacksonstraße, ein Turnplatz angelegt, in dem man einige Wagenladungen Lohe auffahren ließ. Als Beleuchtung dienten Pechfackeln in eisernen Körben, denn die Segnungen des Gas- oder elektrischen Lichtes waren damals noch unbekannt. Im Spätjahre verlegte man den Turn- und Versammlungsplatz nach dem dritten Stock des Hauses No. 134 Lakestraße, über dem Kleidergeschäfte von T. D. Tittsworth. Durch Turner Andreas Braun, welcher zugleich Mitglied des damals ebenfalls noch in der Entwickelung begriffenen Freien Sängerbundes war, wurde eine Art von Cartellverhältniß dieser beiden Vereine erzielt, unter welchem die Mitglieder unentgeltlich von einem in den anderen aufgenommen wurden.

Die erste offizielle Kundgebung des Vereins befindet sich in der „Turnzeitung", Vorort New York, vom Januar 1853 und ist vom 20. November 1852 datirt; sie lautet unter Anderem:

David Outh.

Wm. A. Oettich.

„Der Chicago Turnverein an den Vorort des Socialen Turnerbundes.

Nachdem es uns jungen Deutschen gelungen ist, auch hier einen Turnverein zu gründen, halten wir es nach Erledigung unserer ersten Turnfragen für unsere Pflicht, Euch davon in Kenntniß zu setzen.

Der frische, frohe, kräftige Turnermuth, der nach Freiheit sich sehnende Geist, der in unserem, bis jetzt schon aus 68 Mitgliedern bestehenden Vereine herrscht, läßt uns mit Gewißheit voraussehen, daß nach einigen Monaten der Chicagoer Turnverein seinen übrigen Brüdervereinen in der Union nicht nachstehen wird. Wir stehen bis jetzt in unserer großen westlichen Stadt sozusagen noch isolirt da und werden jedenfalls, da das deutsche Element schon sehr gedrückt dasteht, mit manchem Sturm des kleinlichen Parteihasses zu kämpfen haben, allein Einigkeit wird uns beseelen und wir werden siegen. Fr. Buchruder, corresp. Schriftwart."

So schnell erfüllten sich die Hoffnungen des Schreibers jedoch nicht, denn erst im Mai 1854 fand die Aufnahme in den Bund statt, und zwar mit nur 45 Mitgliedern.

Das erste eigene Heim.

Der frische, nach Fortschritt strebende Geist, der durch die Reihen der Turner wehte, feuerte sie bald an, sich ein eigenes, ständiges Heim zu gründen, und so erbauten sie auf einem Grundstück an der Griswoldstraße, der jetzigen Pacific Avenue, zwischen Jackson- und Van Burenstraße, gegenüber vom heutigen Börsengebäude, eine aus Holz gezimmerte Turnhalle, die zwar noch sehr primitiver Art war, aber für's Erste den Anforderungen genügte. Die Mittel zum Bau wurden durch Actienzeichnungen aufgebracht. Diese sehr ärmlich aussehende und ausge-

Jacob Schlestwohl.

Gottfried Gott.

stattete Halle wurde dann für die nächsten Jahre der Versammlungsort der Kerntruppen des Chicagoer Deutschthums, zu dessen politischer und geistiger Heranbildung die Turner wesentlich beigetragen haben.

Es wurden hier außer Bällen und Conzerten auch Versammlungen für belehrende Vorträge veranstaltet, die hauptsächlich vom Redaktionspersonal der „Illinois Staats=Zeitung", später auch von Dr. Ernst Schmidt, Caspar Butz und einigen Anderen gehalten wurden. Wie unendlich bescheiden diese Stätte der körperlichen und geistigen Uebungen der Jugend in Chicago war, schildert Emil Dietzsch in seiner Geschichte der Stadt Chicago aus eigener Anschauung. Er schreibt, daß während des Conzertes, das eines Sonntags, ungefähr im Oktober des Jahres 1854, dort gegeben wurde, es ganz gemüthlich durch die offenen Ritzen im Dache herein auf die Tische regnete, an welchen die sorglosen, fröhlichen Turner und ihre Gäste saßen. Das Gebäude glich wahrhaft einem Pfahlbau aus den ältesten Zeiten des Menschengeschlechtes, denn neben dem schmalen Bretterwege, der von der Straße hinüber zum Eingange der Halle führte, waren zwei Stangen in die unergründlichen, mit grünlichem Wasser gefüllten Pfützen eingerammt, an welchen ein Brett mit der Aufschrift: "No bottom here!" befestigt war. Die Reise nach der Halle war ebenfalls mit Schwierigkeiten verknüpft und mußte entweder zu Fuß oder per Omnibus, oder — wer sich das leisten konnte — per Droschke oder Privatkutsche zurückgelegt werden.

Die Damen wurden nicht selten, um ihre sauberen Festkleider nicht in Berührung mit dem Straßenschmutz zu bringen, von den Turnern, die sich selbstverständlich ein großes Vergnügen daraus machten, auf den Armen in die Halle getragen. Die Fensterscheiben der Halle waren die ewigen Zielscheiben vorübergehender amerikanischer „Knownothings", denen die strammen Turner stets Dornen in den Augen waren, und die es bei keiner Gelegenheit fehlen ließen, ihrem Haß gegen die „Dutchmen" freien Lauf zu lassen. Auch mit

Ferdinand Gott.

Fritz Baumann.

den Sonntagsmuckern hatten die Turner manche Schererei en auszufechten, und um denselben aus dem Wege zu gehen, wurde das Lokal Sonntags geschlossen, drinnen aber verzapften Mitglieder des Vereins oder ein angestellter Schankwärter an den Eingeweihten das erfrischende Malzgetränk. Irgend welcher ernstlicher Angriffe wußten sich indeß die Turner stets wacker zu erwehren, und als zum Beispiel eines Sonntags einige der Mucker den Versuch machten, die Herren Fritz Reinhardt, Fritz Widder und Arthur Erbe, die in der Halle Bier ausschenkten, zu verhaften, wurden die ungebetenen Gäste prompt zum Tempel hinausgetrieben. Der Originalität halber mag hier noch erwähnt werden, daß sich die Platform für die Musiker auf einer Platform über dem Schanktisch befand, zu welcher die Herren Musici mit Hülfe einer Leiter hinaufklettern mußten.

Zur größeren Bequemlichkeit der Mitglieder wurde später in No. 172 Randolphstraße ein Versammlungslokal eingerichtet, in welchem Turner Phil. Braun als Verwalter fungirte. Der edle Gerstensaft wurde damals für $14 das Barrel aus Detroit bezogen.

Sein erstes Stiftungsfest feierte der Chicago Turnverein am 3. Oktober 1853 in dem damals so sehr beliebten Sommergarten von John A. Huck an Chicago Avenue und Rushstraße und es wohnten demselben die speciell zu diesem Zwecke hierher gekommenen Milwaukee'r Turner bei, die sich drei Tage lang hier aufhielten und von den hiesigen Turnern auf's Beste bewirthet wurden.

Im Kampf gegen Nativismus und Sklaverei.

Gustav A. May.

Zum Theil, um den nativistischen Raufbolden Respekt einzuflößen, wurde im Jahre 1855 aus Mitgliedern des Turnvereins eine Büchsen-Sektion organisirt, welche später ungefähr 70 Mitglieder zählte. Die Offiziere dieser Sektion waren die folgenden Herren: Fritz Metzle, Capitän; Albert Gerhardi, erster Lieutenant; W. A. Hettich, zweiter Lieutenant. Ihre

August Rich.

Exerzierübungen hielten diese „Schützen" in Joseph Huhn's Lokal, an der Südost-Ecke von Illinois- und Wellsstraße, das den bezeichnenden Namen „Zum Stöffchen" führte, bei Albert Boese, Ecke Lake- und LaSallestraße, und ähnlichen passenden Lokalen ab.

Das entschlossene Auftreten dieser Büchsen-Sektion gegenüber den Angriffen der Knownothing-Loaferbande bei verschiedenen Gelegenheiten, verhinderte es, daß es hier zu ähnlichen Zusammenstößen wie in Cincinnati, Columbus und anderen Orten kam. Als Beispiel sei hier eines Vorfalles Erwähnung gethan, der sich auf einem Pic-Nic der Schambeck'schen Dragoner, einer deutschen Reiter-Organisation, in McCegg's Garten an Clarkstraße, nördlich von Chestnutstraße, abspielte. Dort waren die Herren Dragoner von einer Bande Strolche, welche sich in den Garten eingedrängt hatten, in Streit und ziemlich arge Bedrängniß gerathen, als die Büchsen-Sektion der Turner, die sich zur selben Zeit auf einem Pic-Nic in Wright's Grove vergnügte, davon hörten und ihren Kameraden zu Hülfe eilten. In geschlossenen Gliedern marschirten sie in den Garten ein und es dauerte nicht lange, so hatten sie denselben von dem Gelichter gesäubert.

Dadurch, daß die Turner auch zu den Ersten gehörten, welche gegen die Sklaverei Front machten, zogen sie sich noch den Haß der Elemente zu, welche mit den Sklavenhaltern sympathisirten.

Denkwürdige Erfahrungen in dieser Beziehung machten die Turner besonders bei zwei Gelegenheiten. Als sie im Jahre 1856 während der Fremont-Campagne einem Turnfest in Peru beiwohnten, war dort für denselben Tag eine große politische Versammlung anberaumt, in welcher Stephen A. Douglas eine Rede halten sollte.

W. Herbst.

Das Städtchen war prächtig dekorirt, allein Douglas blieb aus besonderen Gründen aus und die Turner schwelgten in der Einbildung, daß der Häuserschmuck in den Straßen allein ihnen zu Ehren angebracht sei. Wie wenig Berechtigung diese Einbildung hatte, sollten sie sehr bald an der Stimmung merken, welche unter der Mehrzahl der Bevölkerung herrschte, und hätte nicht die stramme Büchsen-Sektion, als sie mit ihren geschulterten Gewehren in die Stadt einmarschirten, dem feindseligen

Conrad Klett.

Element Respekt eingeflößt, so wäre es wahrscheinlich zu ernstlichen Reibungen gekommen. So aber fiel nur ein kleines Scharmützel vor, als auf dem Festplatze Turner Hettich beim Bau von Pyramiden, bei denen er als einer der kleinsten Turner meistens die Spitze bildete, plötzlich hochoben eine im Gürtel verborgen gehaltene Fahne mit der Inschrift „Fremont und Dayton" entfaltete. Der Versuch einiger erboster Gesellen, sich dieser Fahne zu bemächtigen, wurde erfolgreich abgeschlagen. Eine freudige Genugthuung wurde den Turnern dadurch zu Theil, daß die Miliz-Artillerie, welche dazu bestimmt gewesen war, zu Ehren von Douglas Salutschüsse abzufeuern, sich jedoch, weil die Mitglieder zumeist Abolitionisten waren, mit ihren Kanonen über die Grenze des County zurückgezogen hatten, nun zurückkehrten und eine lustige Kanonade zu Ehren der Turner veranstalteten. In Peru hatten unsere Turner ihre Turnbrüder von Ottawa kennen gelernt, die sie zu überreden wußten, auf der Heimreise in Ottawa Halt zu machen und einige Stunden zu verweilen. Es traf sich gerade, daß von Ottawa die erste Compagnie "Freesoilers", die zur Ansiedlung nach Kansas geschickt wurde, abreiste, und mit Freuden kamen die Turner dem Wunsche der Bürger nach, diese Compagnie mit Sang und Klang zum Bahnhof zu begleiten.

Eine andere Gelegenheit, bei der die republikanische Gesinnung der Turner gewaltigen Anstoß erregte, war ein Turnfest in Joliet, wo sie sich zuerst an einem großen politischen Festzug von Republikanern, die sich Herrn Herm. Kreißmann als Redner des Tages erkoren hatten, betheiligten. Die Erbitterung der Anhänger der Gegenpartei darüber war so groß, daß viele der Bürger, bei denen die Turner einquartiert waren, ihnen die Quartiere kündigten und daß, als Abends in der Turnhalle ein Ball stattfand, an welchem sich auch der Mayor von Joliet betheiligte, sich vor der Halle eine lärmende Menge versammelte und die Fenster des Saales mit Steinen bom-

Frank Schweinfurth.

Joseph Quhn.

barbirte. Einige der Turnerschützen wollten schon mit scharfgeladener Waffe dazwischen fahren, doch wurden sie von den Offizieren zurückgehalten, und es gelang denn auch schließlich dem Bürgermeister, durch einige ermahnende Worte an die Aufrührer weitere Belästigungen zu verhindern. Einer der Turner, Herr Jacob Enders, zeichnete sich bei dieser Gelegenheit dadurch aus, daß er sich muthig in die Menge stürzte und dem Aufführer derselben eine Fahne entriß, um sie im Triumph in die Halle zu tragen. Als am frühen Morgen des nächsten Tages die Turner zum Bahnhof marschirten, nahm die Büchsensektion die Damen, welche den Ausflug mitmachten, in die Mitte, um sie gegen etwaige Bebelligungen zu schützen, doch fanden keine weiteren Excesse statt.

Diese kleinen Episoden kennzeichnen die Art und Weise, wie die Turner schon damals regen Antheil am öffentlichen, politischen Leben nahmen und allen Gefahren kühn die Stirn boten.

Gründung der „Chicago Turn-Gemeinde".

Schon wenige Jahre nach der Gründung des Chicago Turnvereins brach in den Reihen der Mitglieder ein ernstlicher Zwiespalt aus, der den Austritt einer Anzahl von Mitgliedern zur Folge hatte. Es handelte sich um die Frage der Erhebung eines Extra-Beitrags zur Abtragung einer Miethsschuld für das erwähnte Versammlungslokal an Randolphstraße, gegen welche Maßregel mehrere Mitglieder energisch protestirten. Als sie mit ihrer Ansicht nicht durchdrangen, sagten sie sich von dem Verein los und gründeten auf der Westseite den „Vorwärts Turnverein", der eine Bretterhalle an der Fultonstraße bezog. Diese wurde indeß schon bald darauf ein Raub der Flammen, und da der neue Verein somit obdachlos war, bot die Mutter dem abtrünnigen Sohne die Wiederaufnahme in ihre Behausung an.

Georg Heinzmann.

Dieses Anerbieten wurde zwar abgewiesen, jedoch zu Anfang des Jahres 1860, zur Zeit als Herr David Huth erster Sprecher war, eine Wiederverschmelzung beider Vereine unter dem Namen „Chicago Turn-Gemeinde" zustande gebracht.

Uebersiedelung nach der Kinzie-Halle.

Frank Kirchner.

Als sich mit der Zeit die alte Halle an der Griswoldstraße als zu klein erwies, beschloß der Turnverein im Jahre 1857, sie an eine farbige Kirchengemeinde zu verkaufen und nach der Kinzie-Halle, auf der südlichen Seite der Kinziestraße, östlich von Nord-Clarkstraße, überzusiedeln, woselbst kurze Zeit darauf jene berühmte erste John Brown-Versammlung stattfand, in welcher die deutschen Volksredner Dr. Ernst Schmidt und Caspar Butz denkwürdige Reden hielten. Auch wurde in dieser Halle die erste nach Chicago einberufene Bundes-Tagsatzung abgehalten. Ueberhaupt verlebte die Chicago Turn-Gemeinde in dieser Halle eine sehr ersprießliche und erfolgreiche Periode ihres Wirkens und Strebens und es ist aus derselben besonders auch ihrer Betheiligung an dem Bundes-Turnfest in Milwaukee zu gedenken, wo sich die wackeren Turner, unter ihnen als Erster Turner Charles Dietrich, durch ihre Leistungen in hohem Grade auszeichneten und manchen Preis einheimsten. Der Verein besaß damals auch bereits eine Gesangsektion, welche unter der Leitung des Herrn H. Hehl stand und in Milwaukee ein Werk des bekannten Turnerdichters Johann Straubenmüller zur Aufführung brachte. Die übrigen Vereine, welche das Werk ebenfalls hatten aufführen sollen, hatten die Flinte ins Korn geworfen. Der Turn-Gemeinde aber trug diese vortreffliche Leistung auf dem Gebiete des Männergesanges wohlverdiente Lorbeeren ein, welche die Sänger auch später noch zur eifrigen Pflege des deutschen Liedes anfeuerten.

August Gerhardy.

Die Turner im Bürgerkriege.

George Neumeister.

Als zu Anfang des Jahres 1861 durch den Kanonenschuß der Rebellen gegen Fort Sumter das Signal zum Ausbruch des Bürgerkrieges gegeben war, brach auch in Chicago der Patriotismus sofort in helle Flammen aus. Die englischen Geschichtswerke erzählen, daß die Compagnie der Ellsworth-Zuaven unter Capitän Harding die erste war, welche sich zum Kriegsdienst meldete und die daher mit der kostbaren seidenen Fahne beschenkt wurde, welche Herr J. H. McVicker für diejenige Compagnie hatte anfertigen lassen, die sich am ersten bereit erklären würde, zur Erhaltung der Union in's Feld zu ziehen. Das ist aber eine Fälschung der Geschichte, denn nicht diese Compagnie war es, sondern die deutsche Turner-Compagnie, welche allen anderen voraus war mit ihrer Erklärung, die Union mit dem Leben ihrer Mitglieder vertheidigen zu wollen. Die Deutschen schenkten damals den englischen Zeitungen wenig Aufmerksamkeit und die Turner hatten auch wahrscheinlich in der Aufregung des Augenblicks nicht daran gedacht, daß die Fahne als Preis ausgesetzt sei, sonst hätten sie sicher ihre Ansprüche geltend gemacht. Thatsache ist, daß sofort nach dem Aufrufe Lincoln's am 15. April 1861 eine Special-Versammlung der Turn-Gemeinde einberufen wurde, in welcher 64 Mitglieder der Büchsen-Sektion sich für den Feldzug einschreiben ließen und die Turner-Compagnie gebildet wurde.

Schon am 17. April, Nachts, waren 105 Mann marschbereit, die als „Turner Union-Cadetten" unter Commando von Capt. Kowald (erster Lieutenant Bruhns und zweiter Lieutenant Rollshausen) am Sonntag, den 21. April Chicago verließen. Der damalige Mayor John Wentworth, sowie sein kurz zuvor erwählter Nachfolger Julian S. Rumsey gaben ihnen persönlich das Geleit zum Bahnhof und der Capitän der wackeren Compagnie wurde durch Mayor Wentworth mit einem Revolver, die beiden Lieutenants mit Bowiemessern beschenkt. Der erste

Jacob Hofer.

Albert Goese.

Bestimmungsort der Compagnie war Cairo, ein wichtiger strategischer Punkt am Mississippi, welcher in Gefahr stand, von den Rebellen besetzt zu werden. Dorthin reiste ihnen vierzehn Tage später ein Comite der hiesigen Deutschen, die Herren Henry Wendt, Caspar Butz und Julius Standau, nach und überreichte ihnen im Namen derselben, als Zeichen der Anerkennung, daß sie die erste Compagnie in Chicago waren, die sich für den Krieg meldete, eine seidene Fahne, welche sie durch den ganzen Krieg begleitete und bei dem großen Feuer im Jahre 1871 verbrannte.

Diese Compagnie wurde später dem 24. Illinois-Regiment, nach seinem würdigen Anführer Friedrich Hecker das „Hecker-Regiment" genannt, zugetheilt, doch auch in das 82. Illinois-Regiment, unter dem Namen „2. Hecker-Regiment" bekannt, ließen sich eine Anzahl Turner einreihen. Keinem dieser Regimenter fehlte es an Gelegenheit, sich auszuzeichnen, und die Geschichte des Krieges hat ihr ruhmvolles Verhalten auf den verschiedenen Schlachtfeldern verzeichnet.

Wohl war, als im Juli 1864 das 24. Hecker-Regiment ausgemustert wurde, die Zahl Derer, die vor drei Jahren kampfesmuthig hinausgezogen waren, bedeutend gelichtet, doch Denjenigen, die von den feindlichen Kugeln verschont geblieben, wurde bei ihrer Rückkehr in die Heimath von ihren Turnbrüdern und dem ganzen Bürgerthum ein Empfang bereitet, wie er ihres ruhmvollen Verhaltens auf den verschiedenen Schlachtfeldern würdig war.

Man hatte die zurückkehrenden Krieger schon am Morgen erwartet, sie trafen jedoch, da sich der Zug der Pittsburg & Fort Wayne-Bahn, der sie brachte, um 12 Stunden verspätet hatte, erst am Abend ein und wurden daher mit einem Fackelzug vom Union-Bahnhof an Canalstraße unter anhaltendem Beifallsjubel der Menge nach der damals schon bezogenen neuen Turnhalle an Nord-Clarkstraße geleitet. Eine besondere Ovation brachte ihnen auf dem Marsche der bekannte Büchsenschmied Beuttenmüller, dessen Geschäft sich damals an

Arthur Erbe.

Jacob Groß.

der Washingtonstraße, nahe dem „Times"=Gebäude befand, und der den tapferen Kriegern zu Ehren ein paar kräftige Schüsse aus seinen „Katzentöpfen" abfeuerte. Vor der Halle hatte eine Anzahl weiß= gekleideter Jungfrauen, zum großen Theil Angehörige der Zurückkehren= den, Spalier gebildet und brachten den Kriegern Blumen und Kränze als Zeichen ihrer Liebe und Ver= ehrung dar.

So marschirten denn die braven Krieger, mit Ruhm und Ehre bedeckt, in die schöne Halle ein, mit dem freudigen Bewußtsein, nach glänzend erfüllter Bürgerpflicht wieder in den Kreis ihrer Freunde und den Schooß ihrer Familie zurückkehren zu können. Als auf das Commando „Order Arms!" die Gewehre dröhnend auf dem Fußboden aufschlugen, machte der Hallen=Verwalter Joseph Huhn, da Mancher die Befürchtung ausgesprochen hatte, daß die Halle nicht stark genug gebaut sei, die Bemerkung, daß sie bei dieser Gelegenheit die Feuer= probe glänzend bestanden habe.

Nachdem sich die durch Strapazen und die Reise Ermüdeten an Speise und Trank gestärkt, wurde von berufenen Rednern, wie Caspar Butz, Emil Dietzsch und Anderen in begeisterten Worten das Loblied der wackeren Kämpen gesungen. Am Abend des zweiten Tages wurde den Heimgekehrten zu Ehren ein großes Bankett veranstal= tet, das mit einem flotten Ball abschloß. Den Mitgliedern des 82er oder zweiten Hecker=Regiments, dem ebenfalls viele Turner angehörten und das etwa ein Jahr später zurückkehrte, wurde ein ähnlicher ehrender und herzlicher Em= pfang bereitet.

Das Andenken der gefallenen Helden ehrte die Turn=Gemeinde später durch Anfertigung einer marmornen Gedenktafel, auf welcher die Namen dieser Braven, sowie Ort und Datum der Schlachten, in denen sie fielen, ein= gravirt sind. Diese Gedenktafel, außer

Julius Standau.

Julius Loehr.

der Bibliothek das einzige aus dem großen Brande gerettete Stück Inventar der Chicago Turn-Gemeinde, ziert heute das Versammlungs- und Bibliothekszimmer des Vereins und ermahnt Jeden, welcher das schöne Lokal betritt, zur Vaterlandsliebe und Bürgertugend.

Zu einer hehren und gediegenen Feier gestaltete sich im Juli 1869 die Einweihung der Gedenktafel, bei welcher Gelegenheit die bekannte Schauspielerin Frau Johanna Pelissier einen Prolog sprach und Capitän Julius Standau in feuriger Rede die Verdienste der Helden hervorhob. Die folgenden Namen sind auf der Tafel eingegraben: L. Pfeif, B. v. Hollen, C. Kirchner, A. Lau, L. Stanger, H. Ohle, V. Heinzmann, C. Enders, G. Runkwitz, C. Schenk, M. Walter, C. Metzler, E. Loehr, L. Freind, P. Gehrmann, Ch. Dressel, C. Schwartz, F. Schäfer, E. Müller, G. Krey, Ch. Kirchhoff, E. Weinrich und Ph. Liebrich.

Der Hallenbau an N.-Clarkstraße.

Schon vor Ausbruch des Krieges war bei vielen Mitgliedern der Wunsch aufgestiegen, daß der Verein sich ein eigenes Gebäude mit geräumigem Turnplatz und anderen passenden Räumlichkeiten errichte, doch erst nach Abmarsch der Turner-Compagnie wurde dieses Projekt ernstlich in Angriff genommen. Um eine Grundlage für einen Baufond zu schaffen, kamen einige unternehmungslustige Mitglieder auf den Gedanken, einen großartigen Maskenball zu veranstalten, und obgleich dieses gewagte Unternehmen bei ängstlichen Gemüthern auf großen Widerstand stieß, wurde es dennoch zur Ausführung gebracht, und zwar in so glänzender Weise, daß dieser Maskenball, der in der „Bryant Hall" an Süd-Clarkstraße, dort wo heute das „Grand Opera House" steht, abgehalten wurde, die allgemeine Bewunderung herausforderte und noch wochenlang nachher in den besten gesellschaftlichen Kreisen das Tagesgespräch

Henry Walfacher.

Jacob Fleck.

bildete. Der Andrang zu diesem Maskenfeste war ein so riesiger gewesen, daß Hunderte zurückgewiesen werden mußten, und somit überstieg auch der finanzielle Erfolg alle Erwartungen. Es ergab sich nämlich ein Ueberschuß von $2400, welche Summe später als Baufond für eine neue Halle den Händen des späteren ersten Sprechers Moritz M. Hirsch übergeben und von demselben zinstragend angelegt wurde, bis man es zum Bau verwenden konnte.

Obwohl dieser schöne Erfolg die Turn-Gemeinde in ihrem Bestreben, sich und dem Deutschthum Chicago's auf der Nordseite ein eigenes freundliches und bequemes Heim zu errichten, sehr ermuthigte, waren ihre finanziellen Verhältnisse keineswegs derart, daß sie ohne Sorgen und Bedenken den Bau in Angriff nehmen konnte. Der Baarbetrag in der Kasse, einschließlich des erkleckliche Ueberschusses vom Maskenball reichte nicht annähernd aus, um auch nur die Kosten des Fundaments zu decken; allein der Eifer und die Opferfreudigkeit der Mitglieder schreckte vor keinen Schwierigkeiten zurück, und durch freiwillige Beiträge und Zeichnung von Aktien seitens der Mitglieder, durch Sammlungen bei anderen liberal gesinnten Bürgern, sowie nicht zum wenigsten durch die edelmüthige Beisteuer der Turner-Compagnie, welche damals auf dem Wege nach Chattanooga mehrere Wochen lang von Onkel Sam nicht ihre volle Bezahlung erhalten hatte und nun ihren ganzen rückständigen Sold zum Bau der Halle der Turn-Gemeinde zur Verfügung stellte, wurde nach und nach das nöthige Geld zusammengebracht und dann die Halle nach den Plänen des Architekten August Bauer von der Zimmermanns-Firma Schmidt & Katz aufgeführt. Sie stand auf einem anfangs gepachteten, jedoch im Jahre 1867 für $13,500 käuflich erworbenen Grundstück an N.-Clarkstraße, zwischen Chicago Avenue und Chestnutstraße, auf derselben Stelle, auf welcher sich die jetzige Turnhalle befindet, und fiel sieben Jahre nach ihrer Vollendung dem großen

Fritz Frühmann.

Feuer zum Opfer. Als erster Verwalter fungirte Herr Joseph Huhn, welcher das Amt bis zum Jahre 1869 bekleidete.

Es gebührt sich wohl, an dieser Stelle derjenigen Männer besonders zu gedenken, welche als Mitglieder des Bau-Comites einen großen Theil der Last der Arbeit, welche mit dem Hallenbau verknüpft war, auf ihren Schultern zu tragen hatten, der Herren W. A. Hettich, Albert Boese, Jacob Boser, Henry Malzacher, Joseph Huhn und Moritz M. Hirsch, der zu jener Zeit erster Sprecher der Gemeinde war. Der damalige Verwaltungsrath bestand aus den Turnern B. Wiedinger, Albert Boese, Jacob Boser, Max Schweizer, Jacob Enders, Robert Lott, David Roth und dem Verwalter Joseph Huhn als Beisitzer.

Alte Turnhalle.

Mit dem Beziehen des neuen Gebäudes, das im Sylvester 1863 eingeweiht wurde, zog auch ein neues Leben in die Gemeinde ein, und von jener Zeit an war sie bis auf den heutigen Tag der repräsentative deutsche Verein Chicago's, der in allen wichtigen, das deutsch-amerikanische Element betreffenden Angelegenheiten thatkräftig eintrat und, wo er nicht die Initiative zur Förderung deutscher Interessen ergriff, immer energisch und mit Erfolg mithalf. Unter den Mitgliedern der Turn-Gemeinde herrschte damals ein Geist der Aufopferung, wie er seither selten wieder zu Tage getreten ist. Jeder war ohne Murren zu Comite-Diensten, die oft mit sehr viel Arbeit und Mühe verknüpft waren, bereit, und Einer suchte den Anderen in der gründlichen Erfüllung seiner Dienstpflichten zu übertreffen. Die Einweihung der Halle erfolgte allerdings unter keinen gerade sehr günstigen Auspicien,

Peter Hand.

denn während der Sylvesternacht von 1863—1864 herrschte eine so grimmige Kälte, daß der Besuch ein schwacher war und das umfangreiche Programm nur in dürftiger Weise ausgeführt werden konnte. Die wackeren Turner ließen es sich nicht nehmen, den geplanten Ausmarsch aus der alten Kinzie-Halle und Einmarsch in das neue Cuartier auszuführen, und es war in der That ein eigenartiges Bild, als bei einer Kälte von vielen Graden unter Null die Turner in ihren weißen Trillich-Anzügen, unter Vorantritt der Militärkapelle, der buchstäblich die Töne in den Instrumenten einfroren, durch die Straßen marschirten. Der Marsch ging über die Clarkstraßen-Brücke bis zur Randolphstraße, diese entlang bis Wellsstraße (jetzt Fifth Avenue), dann nördlich zurück bis Chicago Avenue, östlich bis N. Clarkstraße und zur neuen Halle. Hier kauerten die Besucher dicht um die Heizapparate herum und lauschten einigen Vorträgen der Militärkapelle, sowie einem von Frau Kenkel vorgetragenen Prolog. Da der Betrieb der Straßenbahnwagen der Kälte wegen eingestellt war, zogen manche der Festtheilnehmer es vor, die ganze Nacht in der Halle zu bleiben, während andere im Gänsemarsch, Einer den Anderen an der Spitze ablösend, den Heimweg antraten.

Die Verwaltung der Turnhalle ging am 8. September 1869 aus den Händen des Herrn Joseph Huhn in die Hände des Herrn Lorenz Mattern über, welcher, wie wir später sehen werden, der Turn-Gemeinde in aufopfernder Weise gelegentlich des großen Feuers schätzenswerthe Dienste leistete.

Gemeinnützige und patriotische Bestrebungen.

Daß die Nordseite-Turnhalle der Sammelpunkt des besseren Deutschthums wurde, dazu trugen anfangs nicht wenig die sonntäglichen Nachmittags-Concerte bei, welche bald nach der Einweihung der Halle eingeführt und zuerst bei 10 Cents Eintritt von der aus der

Fritz Hartmann.

Lorenz Mattern.

Regimentskapelle hervorgegangenen „Great Western Light Guard Band", unter Leitung von C. Romanus und später von A. J. Baas gegeben wurden. Sie haben sich bis auf den heutigen Tag erhalten und von Jahr zu Jahr an Beliebtheit und Gediegenheit zugenommen. In einem späteren Abschnitt ist von diesen Concerten ausführlicher die Rede.

Trotz mancher harten Kämpfe und Bedrängnisse in ihren eigenen Geldangelegenheiten war die Chicago Turn-Gemeinde stets bereit, ihre Halle zu wohlthätigen Zwecken sowie anderen Vereinen unentgeltlich zur Verfügung zu stellen und hat dadurch besonders Waisenhäusern, Hospitälern und ähnlichen segensreichen Anstalten wiederholt Gelegenheit geboten, durch Veranstaltung von „Fairs" und anderen Festlichkeiten ihre Finanzen aufzubessern.

Schon in den Sechziger-Jahren begann die Chicago Turn-Gemeinde ihre später so erfolgreiche Agitation für die Einführung des Turn-Unterrichts in den öffentlichen Schulen, womit im Jahre 1866 durch die Ernennung des Turnwarts Emil Giese, der auf dem ersten Bundesturnfeste in New York im Jahre 1865 einen ersten Preis davongetragen hatte, zum Turnlehrer an der städtischen Hochschule der erste Versuch gemacht wurde. Die Turn-Gemeinde hatte, da Herr Giese bei Gettysburg ein Bein verloren und daher nicht im Stande war, alle Uebungen persönlich auszuführen, dem Schulrath an seiner Stelle Herrn Fritz Buchmann vorgeschlagen, doch wurde diese Empfehlung nicht berücksichtigt, und daher erwies sich leider jener erste Versuch als ein Fehlschlag. Wie jedoch die Turn-Gemeinde im Interesse dieser Bewegung in späteren Jahren erfolgreich wirkte, werden wir an anderer Stelle sehen.

Wie bei allen großen und wichtigen Anlässen, so war auch zur Zeit, als die Nachricht von der Kriegs-

Emil Giese.

Louis Kurz.

erklärung Frankreichs an Deutschland durch den Telegraphen gemeldet wurde und die ganze deutsche Bevölkerung in die größte Aufregung versetzte, die Nordseite-Turnhalle der Ort, an welchem schon am nächsten Tage, im Juli des Jahres 1870, die Deutschen auf eine durch reitende Herolde in der Stadt verbreitete Aufforderung hin zusammenströmten, um darüber zu berathen, was angesichts dieses welterschütternden Ereignisses von Seiten des hiesigen Deutsch-Amerikanerthums gethan werden könne. Und eine denkwürdigere Versammlung hat wohl niemals in der Turnhalle stattgefunden, als jene, in welcher unter Vorsitz des Herrn Edmund Jüssen und nach begeisterten Reden der Herren Dr. Ernst Schmidt und Caspar Butz unsere deutschen Bürger sofort eine namhafte Summe für die Verwundeten in den kommenden Schlachten aufbrachten und Schritte thaten, um dieses patriotische Liebeswerk in der nächsten Zeit in ausgedehnterem Maße fortzusetzen. Selbstverständlich waren bei diesem Werke die Turn-Gemeinde und ihre Mitglieder keine von den letzten, die kräftig mit Hand anlegten, denn schon am 20. Juli 1870 wurde, abgesehen von den Privatbeiträgen einzelner Mitglieder, von dem Verein als solchen $250 für die Verwundeten des Krieges bewilligt. Die ersten Erfolge der deutschen Waffen wurden stets mit der größten Begeisterung begrüßt, und als am Mittag des 5. August, einem Sonntag, die Nachricht von dem ersten Siege bei Weißenburg eintraf und bei dem regelmäßigen Sonntags-Concert die Halle bis auf den letzten Platz gefüllt war, wurde unter den anwesenden Deutschen eine Collecte für die Verwundeten veranstaltet, welche über $200 einbrachte. Auch bei dem Bezirksturnfest in Peru, das im Jahre 1870 stattfand, trugen die Nachrichten vom Kriegsschauplatz wesentlich zur Erhöhung der Begeisterung bei, die sich in dem Absingen der Lieder: „Die Wacht am Rhein", „O Straßburg, o Straßburg" u. s. w. wiederholt Luft machte. Bei einer von dem Deutschthum der Stadt in der Farwell-Halle an Madisonstraße veranstalteten großen Fair zum Besten der Verwundeten entspann sich ein interessanter Wettstreit zwischen den Gesangvereinen und Turn-

Erth Liebergall.

Moritz M. Hirsch.

vereinen um den Preis der größten Popularität, aus welchem die Chicago Turn-Gemeinde und der Orpheus-Männerchor als Sieger hervorgingen. Natürlich brachten diese Conteste eine bedeutende Summe Geldes ein, das mit dem übrigen Reinertrag der „Fair" Herrn Friedrich Kapp, dem Bevollmächtigten der Deutschamerikaner in Berlin, übermittelt wurde. Nach der Uebergabe Sedan's berief die Chicago Turn-Gemeinde am Sonntag, den 5. September eine Extra-Versammlung, in welcher beschlossen wurde, eine Siegesfeier zu veranstalten, zu welcher alle deutschen Vereine Chicago's zur Theilnahme eingeladen wurden, mit der Garantie, daß die Turn-Gemeinde ein etwaiges Defizit aus ihrer Kasse decken und den etwaigen Ueberschuß dem damals bestehenden deutsch-patriotischen Frauenverein Chicago's aushändigen werde. Auch dieses Fest, daß in „Crosby's Opera House" an Washingtonstraße stattfand, verlief in der glänzendsten und schönsten Weise.

Der Erlös einer im Januar 1871 von der Turn-Gemeinde zum Besten der im deutsch-französischen Kriege Verwundeten veranstalteten Abendunterhaltung wurde in einem Wechsel von 807 Gulden am 1. März 1871 an Dr. Büchner in Darmstadt abgesandt.

Durch lebhaften Patriotismus gekennzeichnet war eine am 19. Januar abgehaltene, von der Turn-Gemeinde einberufene Versammlung, in welcher gegen die von der Regierung der Ver. Staaten gestattete Sendung von Waffen nach Frankreich protestirt wurde. Die Redner der Versammlung waren die Herren Francis Lackner, Pastor Hartmann, Georg Schneider, Edmund Jüssen, Caspar Butz, Richard Michaelis und Andere, und die in derselben angenommenen Protestbeschlüsse wurden dem damaligen Bundessenator Karl Schurz übermittelt. Sie waren von keinem Belang mehr, da der Krieg bekanntlich bald darauf zu Ende ging.

Einem Jeden, der zu jener Zeit in Chicago wohnte, als nach dem Friedensschluß das ganze Deutsch-

Jacob Krohmer.

Max Fröhlich.

thum Amerikas sich in seiner vollen Glorie erhob, um seiner Freude über die Siege und die Neugestaltung Deutschlands Ausdruck zu geben, ist es noch frisch in der Erinnerung, wie die Chicago Turn-Gemeinde sich in hervorragender Weise an dem größten aller Feste, das jemals in Chicago's Mauern seinen Verlauf nahm, dem am 29. Mai 1871 abgehaltenen Friedensfeste, betheiligte und wie die von ihr gestellten Schauwagen, die Turnerei mit Vater Jahn, die Loreley, Germania und die Helden des Freiheitskrieges von 1813 darstellend, vor allen anderen bewundert wurden. Das mit den Arrangements für diese Feier betraute Comite, welches in einer unter dem Vorsitz des Herrn Adolf Schoeninger in der Nord-Market-Halle abgehaltenen Bürger-Versammlung ernannt worden war, wußte mit bewundernswerthem Geschick für die Darstellung der historischen Persönlichkeiten diejenigen Turner auszuwählen, deren Gesichtsausdruck und Gestalt der betreffenden Figur am besten entsprach, und indem man mit Schminke, Puder und Perrücken nachhalf, brachte man eine beinahe naturgetreue Nachahmung jener historischen Personen, wie Theodor Körner, General Scharnhorst, Turnvater Jahn u. s. w. zu Stande.

So nahm, wie wir sehen, die Chicago Turn-Gemeinde schon während der ersten Periode ihrer Geschichte, die man füglich mit dem großen Brande beschließen kann, an allen gemeinnützigen und patriotischen Bewegungen einen regen Antheil und befestigte dadurch ihre Stellung als eine der stärksten Stützen des Deutschthums der Stadt immer mehr.

Auf dem Gebiete des praktischen Turnens.

In das Jahr 1866 fällt die durch die Turn-Gemeinde angeregte Gründung des Chicago Turn-Bezirks, die durch ein, freilich arg verregnetes Pic-Nic in Ogden's Grove, das erste größere Fest, das überhaupt in diesem später so beliebt gewordenen Sommergarten stattfand, gefeiert wurde. Zu dem Bezirke gehörten damals die vier Chicagoer Vereine: „Turn-Gemeinde",

Francis Lackner.

Joseph Kaufmann.

"Aurora", "Vorwärts" und "Union-Turnverein", sowie die Vereine von Peoria, Pekin, Ottawa, Peru, LaSalle, Freeport, Rockford, Ill., und Fort Wayne, Ind. Das erste Bezirks-Turnfest fand im Jahre 1866 in Ottawa, das zweite 1867 in Peoria, das dritte 1868 in Fort Wayne statt, und im Jahre 1869 hatte Chicago die Ehre, auf dem vom 7. bis 11. August abgehaltenen Bundesturnfest die Turner des ganzen Bundes in seinen Mauern zu beherbergen und zu bewirthen. Wenn es eines Beweises bedurft hätte, daß das Turnen sich damals schon zur schönsten Blüthe entfaltet hatte, so wurde er durch dieses Fest geliefert. Nicht nur die Betheiligung an den verschiedenen Fächern des Preis-Turnens war eine ganz erhebliche, auch die Leistungen zeigten einen entschiedenen Fortschritt. Außerdem machte das Fest, das in Wright's Grove an Nord-Clarkstraße abgehalten wurde, durch sein rein turnerisches Programm und dessen gelungene Durchführung den besten Eindruck, und sein Einfluß auf die Gestaltung des Turnbetriebs war deshalb auch ein unverkennbarer. Daß sich dieses Fest zu einem der denkwürdigsten und schönsten des Nordamerikanischen Turnerbundes gestaltete, war in nicht geringem Grade das Verdienst der Chicago Turn-Gemeinde. Die Leitung des turnerischen Theils des Festes, unter welchem die Massen-Freiübungen eine hervorragende Rolle spielten, lag in den Händen des Turnlehrers August Lang, der im Jahre 1867 als der erste besoldete Turnlehrer von der Turn-Gemeinde angestellt worden war, während früher die Turnwarte unentgeltlich die Turnübungen geleitet hatten. Von den älteren Turnwarten seien die Herren Bietenbrinl, H. Henning, Jacob Kuhn, Wilhelm Hummel, E. Gerstenhauer, Phil. Braun, Wm. Wartmann, Louis Darmstaedter, John Ochsenhirt, August Gerhardy, Arthur Erb:, Ferdinand Lott, Chas. Dietrich, Carl Schober, Robert Lott, August Bilter, Fritz Buchmann, Henry Malzacher, August Nieß, Charles Weber, John Steinmetz,

August Lang.

Karl Soh.

Adolph Georg, Henry Mattern, Julius Zimmermann und Moritz Seybel genannt.

Die Turn-Gemeinde war einer der ersten Vereine, welche für die Errichtung eines Turnlehrer-Seminars Propaganda machten, indem ihre Delegaten auf der Bundes-Tagsatzung in New York eifrig dafür agitirten. Die Anstalt wurde dann zunächst in New York etablirt, erhielt aber schon im Dezember 1870 ihren Sitz in Chicago, nachdem die Turn-Gemeinde beschlossen hatte, ihr den Turnplatz der Halle für drei Abende in der Woche zur Verfügung zu stellen. Die wirksame Förderung dieses Instituts, das später nach Milwaukee verlegt wurde und aus dem so manche tüchtige Turnlehrer hervorgegangen sind, gehört zu den vielen Verdiensten der Chicago Turn-Gemeinde. Ein wichtiger Schritt zur Förderung der Interessen des Vereins und zur Sicherung einer guten, soliden Grundlage für die Zukunft war die im Januar 1871 getroffene Einrichtung von Sonntagsschulen für Zöglinge, die später in Abendschulen umgewandelt wurden.

An dem im August 1871 in Williamsburg, New York, abgehaltenen Bundesturnfeste betheiligte sich die Turn-Gemeinde mit 48 Mitgliedern, die es sich zur besonderen Aufgabe machten, durch in jeder Beziehung musterhafte Aufführung, Einhaltung einer strammen Disciplin und ein gefälliges Aeußere in Haltung und Kleidung dem Osten zu imponiren, und es gelang ihnen dies so vortrefflich, daß sich die New Yorker Zeitungen in außerordentlich lobenswerther Weise über die schmucke Turnerschaar aus dem Westen aussprachen. Als Trophäe brachten die Turner den ersten Preis im Riegenturnen mit nach Hause. Von hervorragenden Leistungen und Auszeichnungen einzelner Turner, sowie von anderen Siegestrophäen, welche die Turn-Gemeinde bei Turnfesten errang, wird später die Rede sein.

Soweit sich aus den Erinnerungen der älteren Mitglieder feststellen läßt — die amtlichen Protokolle aus jener Zeit

John D. Zernih.

sind nicht mehr erhalten — standen während der oben geschilderten ersten Periode die folgenden Turner als „erste Sprecher" an der Spitze des Vereins: Karl Sonne, H. Henning, Gottlieb Kuhn, Fritz Metzle, David Huth, Wm. Krebs, Max Fröhlich, Joseph Huhn, Jacob Boser, Moritz M. Hirsch, Arthur Erbe, Francis Lackner, Jacob Krohmer, Georg von Hollen, Joseph Kaufmann und Karl Lotz.

Zweite Periode.

Vom großen Chicagoer Feuer bis auf die Jetztzeit.

Geschichte der Chicago Turn-Gemeinde.

(Zweite Periode.)

Die Schreckenskatastrophe.

Wie aus dem Vorgehenden ersichtlich, hatte sich die Chicago Turn-Gemeinde schon zu der schönsten Blüthe entwickelt und galt bereits als eine der stärksten Stützen des großen Turnerbundes von Nord-Amerika, als in der Schreckensnacht vom 8. bis zum 9. Oktober 1871 über Chicago die furchtbare Feuer-Katastrophe hereinbrach, welche 100,000 Menschen obdachlos machte und den Geschäftstheil, sowie fast den ganzen nördlichen Stadttheil in eine ungeheure Schuttfläche verwandelte. Diese Katastrophe war auch für die Chicago Turn-Gemeinde ein schwerer Schlag, da der Verein nicht nur sein stattliches gemeinsames Heim einbüßte, sondern auch von seinen 299 Mitgliedern alle bis auf 48 von dem Unglück betroffen wurden und ihrer ganzen Habe verlustig gingen, sodaß es einer geradezu heldenmüthigen Energie bedurfte, um das erschütterte Vereinsgebäude vor gänzlichem Zusammensturz zu bewahren. Als am 9. Oktober der Morgen anbrach und das gierige Element auf der Südseite wüthete, dachte man noch nicht, daß sich das Feuer bis zur Turnhalle ausdehnen würde, aber schon um 8 Uhr erkannte der damalige Verwalter Lorenz Mattern, daß seine Schutzbefohlene nicht von dem Schicksal verschont bleiben werde. Mit anerkennenswerther Aufopferung machte er, ohne zunächst an seine eigene Habe zu denken, mit Hülfe mehrerer anderer Turner, u. A. auch einiger Mitglieder des Aurora-Turnvereins, sich daran, die wichtigsten Gegenstände des Vereins-Inventars, vor Allem die Gedenktafel, Fahnen, Bibliothek und die Geschäftsbücher, auf einen Expreßwagen zu laden und in Sicherheit zu bringen, und während er dann auf die Rückkehr des Wagens wartete, um auch sein Privateigenthum zu retten, kam ihm das mit rasender Eile daherstürmende Flammenmeer zuvor und zerstörte seine ganze Habe.

Viele der von dem Feuer betroffenen Mitglieder der Turn-Gemeinde fanden zunächst bei ihren opferwilligen Turnbrüdern auf der Westseite, in der Halle des Aurora-Turnvereins sowie in Privatwohnungen Obdach, und

Charles Dubroch.

schon am 10. October fand in jener Halle eine von dem damaligen ersten Sprecher Joseph Kaufmann einberufene Extra-Versammlung statt, in welcher ein Comite ernannt wurde, um Mittel und Wege zur Unterstützung der abgebrannten Turner zu schaffen. Mit muthiger Thatkraft ging dieses Unterstützungs-Comite an's Werk, und es fand überall eine so große Hülfsbereitschaft, daß es sehr bald im Stande war, der ersten Noth zu steuern. Auch von den Turnvereinen aus anderen Städten liefen zahlreiche Beiträge ein, und zwar die ersten von den Turnern Zwietusch und Aschermann in Milwaukee und Chas. Koehne in Indianapolis; ja selbst die Turner des Auslandes ließen ihre bedrängten Brüder am Michigansee nicht im Stich. Unter den aus Deutschland eingetroffenen Geldsendungen befand sich eine solche vom Turnverein von Darmstadt in der stattlichen Höhe von $107. Der Nordamerikanische Turnerbund betheiligte sich offiziell an dem Unterstützungswerk, indem er für jeden verheiratheten abgebrannten Turner $25, für jeden unverheiratheten $15 bewilligte. Die Meisten verwandten später diese Summe zum Ankauf von Aktien, mit deren Ertrag die auf der alten Halle lastende Schuld von $7000 abgetragen und der Anfang für einen neuen Baufond gemacht wurde.

Im provisorischen Heim.

Schon in einer Versammlung vom 14. October wurde der Beschluß gefaßt, eine provisorische Halle auf dem alten Grundstück zu errichten, und am 22. November ein Bau-Comite, bestehend aus den Turnern Jacob Voser, John G. Miller, Francis Lackner, Frank Schweinfurth, Albert Boese, Lorenz Mattern, Carl Meyer und Adolf Georg, ernannt, um den Bau dieser Halle zu leiten. Mit der Errichtung derselben — sie war ein unscheinbares Holzgebäude mit einer Grundfläche von 25 bei 50 Fuß

Conrad Seipel.

und primitiver Einrichtung — wurde Mitte Dezember begonnen, und am Sonntag, den 21. Januar konnten schon ihre bescheidenen Räumlichkeiten den fröhlichen Turnern und ihren Familien, die mit vielen Beschwerden den Weg durch die noch unbeleuchteten, zum Theil mit Trümmern bedeckten Straßen bis zur Halle zurücklegten, um der äußerst fidelen Einweihungs=Feier beizuwohnen, erschlossen werden. Es wurde geturnt, gesungen, pokulirt und getanzt, und jeder Turner schwelgte in der freudigen Gewißheit, daß das Weiterbestehen und Wiederaufblühen des Vereins nunmehr vollends gesichert sei.

Die provisorische Halle.

Unsere nebenstehende Abbildung stellt die provisorische Turnhalle, die südlich daran gelegene Wirthschaft von Lorenz Mattern, sowie das Grundstück der Turnhalle dar, auf welchem eben mit dem Fundament der neuen Halle begonnen worden war.

* * *

Es giebt ein Wort, zum Herzen bringt es,
Hoch preisen es viel' deutsche Lieder,
In jedem Turnerherzen klingt es
Heut' laut und voll und freudig wieder!
Von Ost nach West, von Süd' nach Nord,
Ist's deutscher Sitte Stern und Hort.

Wo deutscher Fleiß die Furche zieht,
Und mit dem Urwald-Boden streitet,
Wo deutsche Lust und deutsches Lied
Sich eine Stätte je bereitet —
Weit über'n ganzen Erdenrund
Geht auch das Wort von Mund zu Mund:
„Ein eignes Heim, ein eigner Heerd,
„Ein eignes Haus ist Goldes werth!"

Die wir uns kürzlich in der Fremde fanden,
Zerstreut, bekümmert, traurig und allein,
Heut', da uns uns're Halle neuerstanden,
Wie, sollten wir nicht heute glücklich sein?
Wer so wie wir an seiner Heimath hing,
Kann schwer nur fremder Art sich anbequemen;
Die Gastlichkeit, mit der man uns empfing,
Konnt' uns den Schmerz um den Verlust nicht nehmen.
Trüb' fällt das Loos dem ungebet'nen Gast,
Halb gerngeseh'n, halb Jedermann zur Last,
Daß er nicht heimisch, fühlt er bald heraus,
Bald fremd, bald Freund, um den sich Niemand kümmert! — —
Wie anders Alles hier im eig'nen Haus,
Ist's auch aus rohen Brettern nur gezimmert!

Ein Bretterhaus! dem Schutt und Staub entwand sich
Kein stolzer Bau, kein prächtiger Palast;
Dürftig und klein! fünfzig bei fünfundzwanzig,
Kaum daß es seiner Freunde Zahl umfaßt!
Doch wohnt ja Turnergeist und Turnersitte
In Pracht und Glanz und Reichthum nicht allein,
Die Freundschaft lebt auch in der kleinsten Hütte,
Und ernstes Streben wird auch hier gedeih'n.
Der gute Geist, der immer uns geleitet,
Er wird auch ferner uns zur Seite geh'n,
Der uns von Kinzie-Halle herbegleitet,
Er soll auch heute hier Gevatter steh'n!

* * *

So sang Herr Carl Meyer, der Poëta laureatus der Chicago Turn-Gemeinde, dessen dichterischen Ergüsse launiger und ernster Art die wackeren Jünger Jahn's schon bei so manchen festlichen Gelegenheiten erfreuten und begeisterten, als die durch das schreckliche Brandunglück ein wenig zusammengeschmolzene Turnerschaar einzog in das unscheinbare Bretterhaus, das sie nördlich von der Trümmerstätte, auf der früher ihr stattliches Heim gestanden, als provisorisches Quartier errichtet hatte. Und wie der Dichter es prophezeit, stand der gute Geist, der den Verein bisher geleitet, ihm auch hier, in diesem dürftigen Heim, zur Seite; auch hier lebte die Freundschaft fort,

Carl Meyer.

welche die Mitglieder bisher verbunden, und auch hier wurden Turnergeist und Turnersitte in schönster Weise gepflegt. Zwar boten die beschränkten Räumlichkeiten der provisorischen Halle manches Hinderniß, und wo es galt, Festlichkeiten im größeren Style zu veranstalten, mußte die Turn-Gemeinde die Gastfreundschaft der jüngeren Schwestervereine der Westseite in Anspruch nehmen, welche denn auch mit größter Bereitwilligkeit den abgebrannten Turnbrüdern von der Nordseite entgegenkamen. So wurde der erste große nach dem Feuer abgehaltene Maskenball der Turn-Gemeinde, bei welchem Herr Rudolph Braud als Prinz Karneval aus einer großen, von verkleideten Kaffeeschwestern gedrehten Kaffeemühle zum Vorschein kam, in der Vorwärts-Turnhalle, und der Sylvester-Ball am Schluß des Jahres 1872 in der Aurora-Turnhalle veranstaltet.

Wiederaufbau der Halle.

Der erfolgreiche Verlauf dieser beiden Festlichkeiten trug wesentlich dazu bei, die Turner in ihrem bereits in Angriff genommenen Unternehmen, von Neuem ein Chicago würdiges Gebäude als Sammelplatz der Deutschen zu errichten, zu ermuthigen. Laut Vereinsbeschluß war jedes Mitglied verpflichtet worden, eine Aktie von $25 zu übernehmen, und in welch liberaler Weise die Turn-Gemeinde von dem ganzen Deutschthum der Stadt, zumal dem der Nordseite, in ihrem Bauprojekt unterstützt wurde, geht daraus hervor, daß binnen kurzer Frist nicht weniger als $30,000 von Chicagoer Bürgern gegen unverzinsliche Aktien gesammelt und dem Baufonds überwiesen waren. Außer dieser Summe wurden von der

Albert Emde.

John C. Walz.

Vierten Nationalbank (H. C. Taylor, Präsident) unter günstigen Bedingungen gegen erste Hypothek auf Gebäude und Grundstück eine Anleihe von $50,000 aufgenommen. Mit diesen beiden Summen, nebst den zu erwartenden Versicherungsgeldern, die freilich sehr mager ausfielen, indem im Ganzen nur etwa $250 ausbezahlt wurden, und dem vorhandenen Kassenbestande glaubte die Gemeinde damals, das geplante großartige Gebäude, auf dem im Uebrigen schuldenfreien Grundeigenthum, das zu jener Zeit einen Werth von $35,000 repräsentirte, errichten zu können, und die Arbeit begann. Das Gebäude, dessen Frontansicht und Halle an anderer Stelle im Bilde wiedergegeben sind, wäre aber wohl schwerlich von der Turn-Gemeinde zu Ende geführt worden, wenn nicht ein New Yorker Turner, Gustav Freygang, genug Interesse an Chicago und an der Turn-Gemeinde genommen hätte, um für eine zweite Hypothek die Summe von $20,000 vorzuschießen.

Von den 14 Plänen, die von Architekten dem Bau-Comité, bestehend aus den Herren Jakob Boser, John C. Miller, Francis Lackner, Frank Schweinfurth, Lorenz Mattern, Peter Hand, Carl Meyer und Adolf Georg, unterbreitet waren, wurde derjenige der Firma Bauer & Loebnitz als der zweckmäßigste auserkoren, hauptsächlich deshalb, weil in ihm die Anbringung der großen Halle in dem ersten Stockwerk vorgesehen war. Es wurde indeß für rathsam erachtet, den Bauplatz durch Ankauf der südlichen 25 Fuß, welche der Firma Knauer Bros. gehörten, zu vergrößern, und nachdem die Pläne entsprechend modifizirt waren, wurde mit dem Bau begonnen, zu dem bereits am Sonntag, den 14. Juli 1872 der Grundstein gelegt werden konnte. Es ist dabei als interessante Episode zu erwähnen, daß bei

A. Weidling.

Adam J. Preß.

Gelegenheit eines Ausflugs nach Milwaukee, der einige Wochen vor der Feier stattfand, ein jedes der daran theilnehmenden Mitglieder der Turn-Gemeinde einen Backstein von der damals im Bau begriffenen Schlitz'schen Brauerei mitbrachte, welche dann über dem Grundstein eingemauert wurden. Als einige Jahre später der Westseite-Turnverein von Milwaukee den Grundstein zu seiner neuen Halle legte, begab sich eine Delegation der Chicago Turn-Gemeinde nach der „Rahmstadt" und überreichte dem dortigen Schwesterverein drei rothe Chicagoer Backsteine, welche dann ebenfalls in den Neubau eingemauert wurden und noch heute zu sehen sind.

Die Grundsteinlegung.

Wie seiner Zeit die „Illinois Staatszeitung" in ihrem Bericht über die Feier der Grundsteinlegung zur neuen Nordseite-Turnhalle sagte, hatte seit dem 29. Mai, dem denkwürdigen Pfingstmontag, an welchem das gesammte Teutschthum Chicago's, und mit ihm die Turn-Gemeinde, das Friedensfest in so prächtiger Weise feierte, die Stadt keinen Tag gesehen, an welchem so Viele sich, durch eine Idee angeregt, zu gemeinsamer Feier vereinigten. Obwohl man wußte, daß die Turn-Gemeinde der alleinige rechtmäßige Besitzer der neuen Halle sei, so betrachteten doch die Deutschen der Nordseite die neue Turnhalle in höherem Sinne als ein Stück gemeinsamen Eigenthums.

Die Betheiligung an der Feier der Grundsteinlegung beschränkte sich jedoch nicht nur auf die Nordseite; auch die Südseite, und in hohem Maße die Westseite waren vertreten. Daß sämmtliche Turnvereine von Chicago, der Aurora-, Vorwärts- und Süd-Chicago, der skandinavische und böhmische Turnverein, ferner die Vereine von Blue Island, Milwaukee und Elgin sich betheiligten; daß der Vorort des Chicagoer Turnbezirks in Ottawa seine Delegaten entsendete und daß endlich der Präsident des nordamerikanischen

Charles Kaestner.

Hermann Schumann.

Turnerbundes, Herr Francis Lackner, sprach, würde dem Feste den Stempel eines bedeutenden Turnfestes aufgedrückt haben, wenn nicht andererseits die freudige Theilnahme aller Sänger, Schützen, von Arbeitervereinen und der Schweizervereine es zu einem großartigen deutschen, oder besser germanischen Feste gemacht hätten, zu dem Feste der Wiederauferstehung des deutschen Theiles von Chicago. Ohne auf nähere Einzelheiten dieses denkwürdigen Festes einzugehen, sei doch erwähnt, daß dasselbe bei dem herrlichsten Wetter durch einen stattlichen Festzug unter Leitung des Festmarschalls Frank Schweinfurth eröffnet wurde und daß sich an diesem Zuge außer den bereits genannten Turnvereinen der Germania — Concordia-Männerchor, der Orpheus, Schweizer Männerchor, Frohsinn, Teutonia und Liederkranz in großer Anzahl betheiligten. Die eigentliche Feier wurde durch den Vortrag von „O Isis und Osiris" aus Mozart's „Zauberflöte" eingeleitet, worauf Ansprachen des ersten Sprechers der Turn-Gemeinde, Jakob Boser, und des Präsidenten des nordamerikanischen Turnerbundes, Francis Lackner, folgten. Nach einem Gesangsvortrag des Germania Männerchor wurde die Grundsteinlegung durch den Sekretär der Gemeinde, Carl Meyer, vorgenommen. Die kupferne Kiste, die in den Grund gefügt wurde, enthält unter Anderem eine von Herrn Reinhardt geschenkte Platte aus dem Schwengel der Courthaus-Glocke, auf der die Namen des Bau-Comites gravirt sind; ein Stück der Courthaus-Glocke in natura, die Mitgliederliste des Vereins, Exemplare der „Staatszeitung" und des Turnerorgans „Die Zukunft", Namen der Baumeister und Contraktoren: Bauer & Loebnitz, Wm. Soeffler, Bullard und Burkhardt, ein unter dem Schutt unversehrt gefundener Milchtopf und andere Feuerreliquien, Geldmünzen neuester Ausgabe und dergl.

Philipp Stein.

Während die Kiste verlöthet wurde, sprach Turner Carl Meyer das folgende, von ihm selbst verfaßte Gedicht:

Du neues Haus, das heut' wir gründen,
Du alte Heimath, neu verjüngt,
Nun laß, Dir auch die Wünsche künden,
Die dir die Turn-Gemeinde bringt.
An deiner Wiege steh'n wir heute,
Dir treulich Herz und Hand zu weih'n,
Denn unser Stolz und uns're Freude,
Denn uns're Zukunft sollst du sein.

Nicht unter Lust und heitern Scherzen
Bist du von uns geplant, erdacht,
Wir trugen alle dich im Herzen
Seit jener grausen Feuersnacht.
So schmerzlich auch die eig'ne Wunde,
Die Jeder noch im Busen trägt:
Im Sturme jener Schreckensstunde
Da wird dein erster Grund gelegt.

Lag auch auf Meeresgrund gebettet
Das Schiff, das unsern Namen führt',
Glück auf! die Mannschaft ist gerettet,
Die nie den frischen Muth verliert.
Uns schuf die Noth die wärmsten Freunde,
Ob auch zerstreut, betrübt, allein,
Fest stand und treu die Turn-Gemeinde
Für dich, du alte Heimath, ein.

Und wie wir so in trüben Tagen
Für dich gestrebt, für dich geschafft,
Wie wir an dich das Höchste wagen,
Die Ehre und der Besten Kraft,
So sollst du, heute ernst begonnen,
Uns Freude bringen, Wohlstand, Macht,
Wenn erst des Glückes heit're Sonne
Zu unser'n Häuptern wieder lacht.

D'rum blühe, wachse und gedeihe,
Und dau're manches Jahr hindurch,
Ein' feste Burg der Brudertreue
Und deutscher Sitte feste Burg;
Sei ernster Arbeit würd'ge Quelle,
Sei lust'ge Herberg' dem Humor:
„Seid fröhlich!" steh' an deiner Schwelle,
Und „Seid willkommen!" über'm Thor.

„Und wie sich deine Fenster weiten
Dem Licht, der Luft, dem Sonnenschein,
So soll „mehr Licht" zu allen Zeiten,
Soll Fortschritt unser Wahlspruch sein!"

„Und wie sich deine Mauern thürmen
So stark und mächtig, stolz und schön,
So wollen wir in Drang und Stürmen
Vereinigt und gefestet steh'n!"

„Und wie wir deinen Grundstein legen,
Tief in des Hauses Mark hinein,
So sollst du selbst auf allen Wegen
Ein Eckstein deutschen Lebens sein!"

D'rum breiten segnend wir die Hände
Nun über deine Wiege aus,
Auf daß das Schicksal von dir wende
Unglück und Harm, du neues Haus,
Auf daß dir erblich angehöre
Der alten Stätte froher Geist,
Auf daß du stets in Lust und Ehre
Der Turn-Gemeinde Heimath sei'st.

Dann wurde der Stein herabgesenkt und es hielten darauf Herr Wm. Rapp, Redakteur der „Staatszeitung", und Turner Philipp Stein die deutsche, bezw. englische Festrede. Mit dem Vortrag eines zweiten Liedes durch die vereinigten Gesangsektionen schloß die Feier.

Einweihung der neuen Halle.

Der Bau schritt nun unter der besonderen Aufsicht der Herren Frank Schweinfurth und Lorenz Mattern rüstig voran und war gegen Ende des Jahres so weit gediehen, daß Vorbereitungen für die Einweihungsfeier getroffen werden konnten. Die erste Sitzung in der neuen Halle fand bereits am 3. Januar 1873 statt und in dieser wurde das Programm für die auf den 18., 19. und 20. Januar anberaumte Feier endgültig festgesetzt. Daß sich auch dieses dreitägige Fest zu einer großartigen Kundgebung des

Max Stern.

Teutschthums der Stadt gestaltete, liegt in der Natur der Sache. Für den
ersten Festtag waren sämmtliche anderen Turnvereine Chicago's zu Gaste
geladen und betheiligten sich mit Begeisterung und Liebe an dem aus Freiübungen, Geräth- und Kür-Turnen bestehenden Programm, das mit einem
fidelen und flotten Commers beschlossen wurde. Der zweite Tag, ein

Die Clarkstraßen-Halle.

Sonntag, galt dem gesammten Teutschthum, und an ihm erhielt das
stattliche neue Gebäude seine eigentliche Weihe. Unter Leitung von Flodoard
Hoffmann spielte zunächst das Orchester die herrliche Lentner'sche Fest-
Ouvertüre und gab durch seine treffliche Leistung dem Publikum schon einen
Vorgeschmack von den Genüssen, die ihm die später in der neuen Halle zu ver-
anstaltenden Sonntags-Concerte bieten würden. Nachdem der Schlußaccord

Emil Hoechster.

der Fest-Ouvertüre verklungen, marschirten zu den Klängen eines von Herrn Hoffmann komponirten Festmarsches die Mitglieder der Turn-Gemeinde, etwa 200 an der Zahl, in den Saal und nahmen auf der reich geschmückten Bühne Aufstellung. Voran schritt der Vorstand, dem das Bau-Comite, die Festredner und schließlich eine Deputation des Turnvereins „Vorwärts" folgten. Frau Methua-Scheller sprach sodann einen von Caspar Butz gedichteten, stimmungsvollen Prolog, von welchem hier die erste und letzte Strophe wiedergegeben seien:

Zehn Jahre sind's, da standet Ihr
An dieser selben Stelle,
Ein stolzer Bau war dann geschmückt
Vom Giebel bis zur Schwelle;
Es wallten lustig in den Wind
Der beiden Länder Fahnen,
Die Flagge uns'rer Republik,
Das Banner uns'rer Ahnen.
In bitterkalter Winternacht,
Das Häuflein der Getreuen
Zog ein mit Tusch, Trompetenschall,
Zur Heimath aller Freien.
Der Töne Wogen brachen sich
In hohen, lichten Räumen,
Und eine große Zukunft war's,
Die sie Euch ließen träumen.
Gefunden war dem deutschen Geist,
Der spottet jeder Kette,
Der Zufluchtsort für alle Zeit,
Die wahre Heimathsstätte:
Mit Lied und Wort in froher Lust,
Beim Klang der Symphonien,
So weihtet Ihr das neue Haus,
Bei der Raketen Sprühen . . . . .

* * *

Und so entstand auch dieses Haus,
Nur eines von den vielen,
Das alte sank in Asche hin,
An jenem Tag, dem schwülen;
Wer konnte retten noch, als rings
Umher die Flammen lohten,

Und doch — Eins ward gerettet noch,
Das Denkmal Eurer Todten!
Tragt's über in dies neue Haus,
Sie ruh'n von ihren Thaten —
Euch aber sei's, als hättet Ihr
Gerettet die Penaten.
So weiht den zweiten stolzen Bau,
Der erste liegt versunken —
Der ew'gen Lampe Flamm', genährt
Von deutschen Geistesfunken;
Sie liegt in jüng'rer Hand fortan,
Nicht in der Hand der Alten,
Gut Heil! — die deutsche Zukunft hier,
Sorgt Ihr, sie zu gestalten!

Unter Otto Lob's Leitung sang darauf der Männerchor in getragenem Tempo das Lied „Sänger's Gebet", an welchen Vortrag sich der wichtigste Theil der Ceremonie, die Uebergabe der Halle durch das Bau-Comite an den Vorstand, schloß. Turner Carl Meyer überreichte als Symbol den Schlüssel und gab dabei Namens des Bau-Comites in einer Ansprache eine gedrängte Darstellung der Geschichte des Vereins. Herr Jakob Boser, der damalige erste Sprecher der Turn-Gemeinde, dankte in wenigen angemessenen Worten und stellte sodann den deutschen Festredner Francis Lackner vor, der in seiner Rede besonders den deutschamerikanischen Charakter des Festes hervorhob, während der nächste Redner, Herr Washington Hesing, in englischer Zunge hauptsächlich die Turner mit einem Hinweis auf die damaligen Umtriebe der Sonntagsmucker als die Vorkämpfer der individuellen Freiheit, die keine Institutionen des Landes angreift, die nicht in Zügellosigkeit ausartet, die den Freiheiten keines anderen Theiles der Bevölkerung zu nahe tritt, feierte. Mit dem Vortrage des „Deutschen Liedes" von Kaliwoda durch den Turner-Männerchor und einem Galopp „Gut Heil" vom Orchester schloß die Nachmittagsfeier, an die sich Abends ein Gala-Concert, das eigentliche Einweihungs-Concert der Turnhalle, anschloß. Als Solisten wirkten bei diesem Concert die Damen Frl. Anna Rosetti und Kate von Wordragen, sowie die Herren Joseph Schnadig, Wm. Kellner und Eduard Schulze mit. Das Programm des dritten Festtages bildete ein glänzender Ball.

So war denn der prächtige Bau

Charles Weber.

Adolf Georg.

in würdiger Weise seiner Bestimmung übergeben, und es begann für den Verein eine neue Aera des Fortschritts und der Entwickelung, welche seither durch keine Unglücksereignisse von verhängnißvoller Wirkung unterbrochen wurde. Die Geschichte der Chicago Turn-Gemeinde ist von diesem Zeitabschnitt an eine so reichhaltige und der immer üppiger emporblühende Verein bethätigte seine Wirksamkeit auf so mannigfachen Gebieten, daß es uns in dem engen Rahmen dieses Buches nur möglich ist, die wichtigsten Ereignisse in allgemeinen Umrissen und flüchtigen Skizzen wiederzugeben. Es sei jedoch, ehe wir uns von der alten historischen Bretterbude, die der Turn-Gemeinde zwei Jahre lang als provisorisches Quartier gedient hatte, trennen, hier mitgetheilt, daß dieselbe noch heute existirt. Sie wurde einige Zeit nach dem Auszuge an den Turner Fritz Buchmann verkauft, der sie nach einem Grundstück an Chicago Avenue, zwischen Market- und Franklinstraße, schaffen ließ, wo sie jetzt noch steht.

Verwaltungs-Angelegenheiten.

Für die neue Halle wurde Ende Januar 1873, nachdem Herr Lorenz Mattern sein Amt niedergelegt, in Herrn Adolf Georg ein neuer Verwalter gewonnen, welcher sich in dem Amte vortrefflich bewährte und demselben mit Ausnahme der kurzen Zeit von 1876—77, in welcher Zeit der seither verstorbene Herr Georg List die Vakanz ausfüllte, mit Ehren und Erfolg vorstand, bis er am 28. März 1895, um an Randolphstraße ein Weingeschäft zu etabliren, freiwillig den Verwalterposten niederlegte. Ihm zu Ehren veranstaltete die Turn-Gemeinde am 1. Mai 1895 einen Abschieds-Commers und stiftete ihm „in Anerkennung seiner lobenswerthen Charakter-Eigenschaften als Ehrenmann, Bürger, Unionssoldat und Turner, besonders aber in voller

Georg List.

Gustav Berkes.

Würdigung seiner treuen und gewissenhaften Pflichterfüllung als Verwalter" eine kostbare Gedenktafel. In Herrn Gustav Berkes erhielt dann der Verein einen neuen Verwalter, der zu dem Amte außer seinen trefflichen Charakter-Eigenschaften und seiner persönlichen Liebenswürdigkeit auch das Feuer und die Thatkraft der Jugend mitbrachte.

In Folge der Geschäftspanik, welche im Jahre 1873 über das Land hereinbrach, hatte die Turn-Gemeinde anfangs Schwierigkeiten, ihre unteren Ladenräumlichkeiten zu vermiethen. Das erste Geschäft, das sich dort niederließ, war eine von Herrn Adolf Georg geführte Conditorei nebst Restaurant, und im November 1873 wurde der südliche Laden als Zweigpostamt vermiethet, bis dann später, im August 1875, der Verein diese Räumlichkeiten selbst übernahm und als Wirthschaft einrichtete, nachdem er die im südlichen Erdgeschoß befindliche Wirthschaft von Wischendorff & Zensch im Februar desselben Jahres angekauft hatte. Das Postamt wurde dann nach dem nördlichen Doppelladen verlegt und machte später den Bureaus der Nordtown-Beamten Platz.

In den oberen Hallen- und Versammlungsräumlichkeiten haben im Laufe der Jahre zahlreiche Vereine, Logen und Privatschulen Obdach und Quartier gefunden. Als erster Verein ließ sich der „Chicago Liederkranz" in der Turnhalle nieder; dann folgten die „Palm-Loge, J. O. O. F.", die „Mithra-Loge, A. F. & A. M.", die „Germania-Loge, K. of P.", die „Sovereignty-Loge, J. O. B. B.", der Gesangverein „Fidelia", der „Junge Männerchor", „Schweizer Turnverein" u. A. Im Juni 1876 wurden die sämmtlichen oberen Räumlichkeiten an den städtischen Schulrath vermiethet, der sie längere Zeit in Benutzung hatte, und an Privatschulen fanden die Tyrenfurth'sche und später die Lauth'sche Schule, sowie Herrn Hanstein's Zeichenschule in der Turnhalle ein bequemes Unterkommen.

Isidor Sallinger.

Auf dem Gebiete der Geselligkeit.

Louis Nettelhorst.

Während der mit den vollkommensten Geräthen ausgestattete geräumige Turnplatz des neuen Gebäudes unter den aktiven Mitgliedern die Lust zum Turnen von Neuem anfachte, bot die prächtige, weite Halle mit ihrer praktischen Bühneneinrichtung der Turn-Gemeinde Gelegenheiten, sich auf dem socialen Gebiet bedeutend zu entfalten und ihre größeren Festlichkeiten und Vergnügungen im eigenen Heim auf das glänzendste zu gestalten. Zu diesen Festlichkeiten sind in erster Linie die jährlich einmal veranstalteten Maskenbälle zu zählen, für welche die betreffenden Narren-Comites stets neue, originelle und launige, dabei aber zugleich glanzvolle und imposante Schaustellungen und Ueberraschungen vorzubereiten verstanden. Schon von jenem großartigen und erfolgreichen Maskenfeste in Bryant Hall her datirt die große Beliebtheit der Maskenbälle der Turn-Gemeinde, die schon immer wochenlang vorher von dem ganzen Deutschthum der Nordseite mit Spannung erwartet wurden. Zu den Mitgliedern Louis Kurz, August Weidling, Louis Kindt u. A. fanden die Comites werthvolle und willkommene Stützen bei den dekorativen Ausstattungen, während poetisch und witzig begabte Mitglieder, wie Carl Meyer, Julius Zimmermann, John C. Miller, Adolf Georg ꝛc., beim Zusammenbrauen eines tollen, aber geistreichen Carnevalsulks nicht fehlen durften. Wer erinnert sich nicht noch heute mit herzlicher Freude jener urkomischen Scene eines der ältesten Maskenbälle der Turn-Gemeinde, wo Bismarck und Napoleon, als Hähne verkleidet, vor dem Teufel Eier ausbrüten und schließlich, als Beelzebub mit der Brut nicht zufrieden ist und ihnen noch eine große Nuß zu knacken giebt, Napoleon vergebens mit seiner Mitrailleuse auf die Riesennuß losknattert, Bismarck jedoch dann seine Preußen, Sachsen, Baiern aufmarschiren läßt, auf sein Commando

Louis C. Kohn.

Fritz Gosch.

„Feuer" die Nuß auseinanderspringt und ihr der Prinz und die Prinzessin Carneval im festlichen Narrenkleid entsteigen? Wem schwebt nicht noch die bei einer anderen Gelegenheit arrangirte Darstellung der ganzen deutschen Märchenwelt auf Schauwagen, wem nicht die drastischen Darstellungen der römischen Geschichte und der Gladiatoren-Kämpfe mit den Turnern Louis Nettelhorst und John C. Ender als Gladiatoren zu Pferde in klaren Zügen vor der Erinnerung? Und so könnte ich noch Dutzende von urgelungenen und komischen karnevalistischen Darstellungen anführen, durch welche die Turn-Gemeinde ihre Maskenbälle anziehend und interessant zu machen verstand. Was aber dem Narrenult und Scherz die Krone aufsetzte, waren von jeher die karnevalistischen Abend-Unterhaltungen, welche in der Regel ein paar Wochen vor dem großen Maskenball abgehalten werden und die anfangs nur für Mitglieder, später jedoch auch für deren Angehörige und eingeladenen Freunde arrangirt wurden. Von dem urwüchsigen Humor, der bei diesen Gelegenheiten entwickelt wurde, zeugen noch einige, in den „Musenklängen aus dem Leierkasten der Chicago Turn-Gemeinde" und im „Scrapbuch" aufbewahrte dichterische Ueberbleibsel. Ich erinnere nur an die große Schauertragödie „Ritter Hugo, der Wunderbare, und Adelgunde von Klapperschwanz", an die romantische Oper "Non possumus", den „Sängerkrieg in der Turn-Gemeinde" ꝛc. Eine hervorragende Persönlichkeit bei diesen köstlichen Unterhaltungen war stets der unverwüstliche „John C." Miller, der langjährige Bummel-Schatzmeister, bei dem das Geld und der Humor nie „alle" wird und dessen großen Verdienste um den Verein in unzähligen launigen Liedern verewigt wurden. Er war es, der bei den Turnfahrten und Ausflügen zu Bundes- und Bezirksturnfesten den Daumen auf dem Säckel hatte und es stets so einzurichten wußte, daß auch für die Heimreise noch ein kleiner Zehrpfennig übrig blieb.

John C. Miller.

William Quecken.

Drum heißt es auch in einem bekannten Bummellied:

Der John C. Miller führt die Kasse,
Das ist ein ganz besond'rer Fall!
Ob unsereins sein Geld verpraßte,
Ihr wißt es ja, sein Geld wird niemals all!
Drum trink getrost den letzten Schoppen leer,
Denn sonst bist Du des Kaisers Freund nicht mehr!

Herr Miller ist seit März 1864 Mitglied der Turn-Gemeinde, wurde von 1865 an sechsmal in den Verwaltnugsrath gewählt, 24=mal als Schatzmeister und fünfmal als zweiter Sprecher; auch fungirte er 1869 als Schatzmeister des Central=Comites für das Bundes=Turnfest in Chicago und blickt mit Stolz auf eine zwanzig= jährige Bummelschatzmeister=Laufbahn zurück, da er niemals ein Deficit angemeldet hat. Auf dem vorjährigen Pic-Nic der „Alten Ansiedler" erhielt er ein goldenes Medaillon als der an „Dienstjahren" älteste Chicagoer Turner.

Daß diese Turnfahrten und Turnfeste zu den schönsten Erinnerungen der Mitglieder, zumal der aktiven, gehören, ist leicht erklärlich. War es doch bei solchen Gelegenheiten jedes Einzelnen Bestreben, nicht nur durch gute turnerische Leistungen dem Verein Ruhm und Ehre einzubringen, sondern auch alle alltäglichen Sorgen aus dem Herzen zu bannen und den Becher der Freude in vollen Zügen zu leeren.

Als zur Zeit nach der verhängnißvollen Brandkatastrophe die nächste Umgebung Chicago's noch viele schöne und anmuthige Pic=Nic=Plätze aufwies, waren die von der Turn=Gemeinde veranstalteten Sommerfeste, die damals bald im Schützen=Park, bald in Haase's Park, in Turner Park oder Ogden's Grove abge-

Geo. A. Schmidt.

Theo. Harz.

halten wurden, stets der Sammelpunkt des besseren Deutschthums. In späteren Jahren beschränkte sich der Verein im Sommer meistens auf die Veranstaltung einer größeren Festlichkeit, des Festes der „Alten Ansiedler", von denen das erste im Spätsommer des Jahres 1874 in Behringer's Garten an N. Clark- und Tiverseystraße abgehalten wurde. Dieses Fest, das mit der Zeit zu einem der volksthümlichsten des Chicagoer Deutschthums wurde, verdankt seine Entstehung einer in dem damaligen Wirthslokal des Huck'schen Gebäudes an Ecke Clark- und Michiganstraße abgehaltenen Zusammenkunft einiger alter deutscher Bürger, wie John Huck, John Wolz und Frank Schweinfurth, in welcher die Einberufung einer Versammlung alter Ansiedler zum Zweck der jährlichen Abhaltung eines Festes beschlossen wurde. Von dieser Versammlung wurde dann das Arrangement der Feste der Chicago Turn-Gemeinde übertragen, die seither diese schöne und sinnige Einrichtung beibehalten und durch Vertheilung von Preisen und Medaillen an die ältesten Ansiedler dem Feste ein besonderes Interesse und einen bestimmten Charakter verliehen hat.

Eine der erfolgreichsten und bedeutendsten Festlichkeiten, die bald nach dem Bezug der neu erbauten Halle unter den Auspicien der Turn-Gemeinde und zur Erinnerung an das große Feuer veranstaltet wurde, war eine große Fair mit vorangehendem Pic-Nic in Ogden's Grove, welches Fest sich über die Tage vom 9. bis zum 13. Oktober erstreckte und dessen Programm aus einem großen Vocal- und Instrumental-Concert am Freitag, unter Mitwirkung der „Great Western Light Guard Band" und des Schweizer Männerchor, einem Schauturnen mit lebenden Bildern, sowie Gesangsvorträgen des Germania Männerchor am Samstag, einem Orchester-Concert am Sonntag Nachmittag und Vocal- und Instrumental-Concert am Sonntag Abend, sowie einem großen Festballe am Montag bestand. Um die Arrangements für diese großartige Fair, deren Reinertrag die Turn-Gemeinde in den Stand setzte, einen bedeutenden Theil ihrer Bauschulden abzu-

H. Dein.

Carl Enders.

tragen, machte sich hauptsächlich ein vielköpfiges Damen-Comite unter dem Vorsitz von Frau Herm. Becker besonders verdient.

Den hundertsten Geburtstag unserer Republik beging die Turn-Gemeinde am 4. Juli 1876 durch ein allgemeines Volksfest in Wright's Grove, bei welcher Gelegenheit Herr Emil Rothe eine patriotische Festrede hielt. Das Jahr 1877 bot dem Verein Veranlassung zur Feier seines 25-jährigen Stiftungsfestes, das in großartigem Stile am 19., 20. und 21. Mai durch Commers, Schauturnen, Concert und Ball begangen wurde.

Um das Jahr 1879 plante die Turn-Gemeinde eine große Schaustellung in Gestalt einer „Fair mit Dichter-Carneval", um aus dem Ueberschusse derselben die längst überfälligen jährlichen Zinsen auf die von Herrn Freygang gemachte Anleihe von $20,000 für den Baufonds aufzubringen, doch erließ um diese Zeit eine Anzahl der besten deutschen Bürger Chicago's, mit Herrn Georg Schneider an der Spitze, eine öffentliche Aufforderung an die Gemeinde, dahingehend, daß sie an Stelle der in Aussicht genommenen Festlichkeit an die Deutschen appelliren sollte, um durch eine unverzinsliche Anleihe den Betrag dieser zweiten Hypothek aufzubringen. Die Turn-Gemeinde folgte gerne diesem Rathe. Versammlungen wurden berufen; ein Agitations-Comite mit den Herren A. Schoeninger, als Präsident, Albert Boese, erster Sekretär, und Bautier J. H. Christoph als Schatzmeister erwählt und den Bemühungen dieses Comites, in Verbindung mit zwei alten Mitgliedern der Turn-Gemeinde, den Herren Max Stern und Peter Hand, ganz besonders aber der Opferwilligkeit der freisinnigen Bürger Chicago's und der Sympathie der gesammten deutschen und englischen Presse hat die Turn-Gemeinde es zu danken, daß sie ihre Halle und der brave, selbstlose Turner Gustav Freygang von New York sein Geld erhielt.

Ein epochemachendes Ereigniß in der Geschichte der Chicago Turn-Gemeinde war der in wahrhaft glänzendem

Gustav H. O. Gold.

E. J. Alex. Gold.

Stile angelegte und mit einem riesigen Aufwand von Arbeit und Mühe, sowie gewaltigen Kosten vorbereitete, in der Battery D=Halle abgehaltene „Mardi Gras" am 6. Februar 1883, dessen Programm, bestehend aus humoristisch=allegorischen Bühnen=Aufführungen und künstlerisch ausgearbeiteten Tableaux, das „närrische Universum" darstellend, durch seine Großartigkeit und Originalität imponirte, der aber in finanzieller Beziehung ein Mißerfolg war, da in Folge einer grimmigen Kälte der Besuch ganz bedeutend zu wünschen übrig ließ. Ein Theil des empfindlichen Defizits wurde indessen durch eine einige Wochen später in der Turnhalle veranstaltete Unterhaltung, bei welcher die Tableaux auf einer Drehscheibe nochmals zur Darstellung gebracht wurden, wieder abgestoßen.

Als im Herbst 1880 die mit Ruhm und Ehren bedeckte Milwaukee'r Riege von dem Bundes=Turnfest in Frankfurt zurückkehrte, wurde ihr bei ihrer Durchreise durch Chicago von der Turn=Gemeinde im Verein mit dem Aurora= und Vorwärts=Turnverein ein ehrender und glänzender Empfang bereitet. Ein Special=Comite reiste ihnen eine Strecke weit entgegen und schmückte jeden der preisgekrönten Turner mit einem Blumenkranz. Am Bahnhof wurden sie dann von sämmtlichen Turnern mit einem donnernden „Gut Heil" empfangen und in vierspännigen Kutschen mit Fackelzug=Escorte im Triumph nach der Nordseite=Turnhalle geleitet, wo Turner Harry Rubens und Bürgermeister Carter H. Harrison die Verdienste der wackeren Turner in begeisterten Reden feierten und Herr Caspar Butz ihnen einen hochpoetischen Lobgesang widmete. Mit einem fröhlichen Commers fand diese denkwürdige Feier ihren Abschluß.

Von anderen Festlichkeiten bei besonderen Anlässen mögen hier noch folgende Erwähnung finden: Eine Abend=Unterhaltung zur Feier der Renovirung der Halle im Winter 1881; eine Froebel=Feier im April 1882; das 30=jährige Stiftungsfest im Winter desselben Jahres; eine

Fred. H. Emrich.

Edmund G. Fiedler.

große Fair des Damenvereins im Jahre 1883; ein Ball für den Damenverein im April 1884, bei welcher Gelegenheit der Gemeinde von den Damen zwei prächtige Fahnen überreicht wurden; ein Fest für die Turner-Veteranen im Jahre 1885; eine Gedächtnißfeier zur Erinnerung an den Ausmarsch der Turner-Compagnie im April 1886 u. a. m.

Zu den genußreichsten und gelungensten Festen, die regelmäßig jedes Jahr wiederkehren, gehören die Sylvester-Bälle, deren Reinertrag zur Einlösung von Aktien, die auf dem Balle durch das Loos bestimmt werden, verwandt zu werden pflegt. Auch das herrliche Weihnachtsfest weiß die Turn-Gemeinde stets durch Aufführung von Festspielen oder turnerische Schaustellungen, sowie durch Bescheerung der Zöglinge zu einem Feste zu gestalten, das in der Brust der Alten liebe Heimathsklänge weckt und der Jugend ächte, reine Freuden bereitet.

Nicht vergessen sollten die von Zeit zu Zeit veranstalteten gemüthlichen Abend-Unterhaltungen werden, zu deren Erfolg gemeiniglich auch die Turner-Gesangsektion durch den Vortrag gefälliger Lieder das Ihrige beiträgt.

Im Dienste des Gemeinwohls.

Hatte die Chicago Turn-Gemeinde schon in der Zeit vor dem großen Brande an vielen öffentlichen Bestrebungen zum Besten des Gemeinwohls und speciell des Chicagoer Deutschthums, sowie auch an Werken der Wohlthätigkeit thätigen Antheil genommen, so bethätigte sich dieser Zweig ihrer Wirksamkeit in späteren Jahren in noch weit größerem Maße. Greifen wir zunächst in jene bewegte Zeit wenige Jahre nach der Chicagoer Feuersbrunst zurück, als der Geist des Nativismus und des Muckerthums unter den Anglo-Amerikanern immer weitere Verbreitung fand und die Sonntagsmucker und Temperenzfanatiker, gestützt auf eine ihren engherzigen Bestrebungen

Carl Stierlen.

W. C. Ulrich.

günstig gesinnte Stadtverwaltung in Chicago ihr Unwesen trieben und auf lange Zeit die Oberhand zu erhalten drohten. Da war es unter Anderen auch die Chicago Turn-Gemeinde, die sich muthig und energisch gegen derartige Beschränkungen der persönlichen Freiheit auflehnte und in Versammlungen und Beschlüssen das Treiben der Temperenzbolde verdammte. Kurze Zeit später bethätigte sie ihr Interesse an dem Allgemeinwohl durch eine kräftige Agitation gegen das Gasmonopol, und zur Zeit der Centennial-Ausstellung in Philadelphia gab sie ihre Entrüstung über die Schließung der Ausstellung an Sonntagen in einem gesalzenen Protest Ausdruck. In ihren geistig-gemüthlichen Versammlungen, auf welche wir weiter unten näher eingehen, bot sich wiederholt Gelegenheit zur Erörterung öffentlicher und gemeinnütziger Fragen — ich erwähne nur die Agitation zu Gunsten der Leichenverbrennung — und bei festlichen Gelegenheiten, die einen öffentlichen Charakter trugen, wie z. B. der Einweihung des Humboldt-Parks im Sommer 1877, war die Turn-Gemeinde in der Regel vollzählig vertreten. Ein ganz besonderes Verdienst aber erwarb sie sich durch ihr unermüdliches und nach langem, vergeblichen Bemühen endlich erfolgreiches Wirken im Interesse der Einführung des Turnens in den öffentlichen Schulen. Es war im Frühjahr 1885, als ein Comite der Turn-Gemeinde, bestehend aus den Turnern Louis Nettelhorst, Francis Lackner, Max Stern und Adolf Georg, den Schulrath ersuchte, ihr zu gestatten, in einer der städtischen Schulen ein Schauturnen zu veranstalten, und zugleich die Mitglieder der Behörde einlud, demselben beizuwohnen. Das Gesuch wurde bewilligt und das Schauturnen fand unter Anwesenheit mehrerer Schulrathsmitglieder in der Ogdenschule auf der Nordseite statt. Es machte einen so günstigen Eindruck auf die Behörde, daß diese alsbald einen Ausschuß für Turnen, bestehend aus den Herren Frank Wenter, Louis Nettelhorst und Jas. R. Doolittle jr.,

C. W. Kalb.

John Gerobach.

ernannte, das im Oktober desselben Jahres empfahl, den Turnunterricht versuchsweise in vier Grammar-Schulen einzuführen. Im November '85 wurde bereits der Turnlehrer der Turn-Gemeinde, Herr Suder, als städtischer Turnlehrer angestellt und nach einem sechsmonatlichen erfolgreichen Versuch im Sommer 1886 der Unterricht auf sämmtliche Grammarklassen ausgedehnt. Auf Ersuchen der Prinzipale und Lehrer wurde dann im Jahre 1889 das Turnen auch in den Primärklassen, und im Mai desselben Jahres in den damals bestehenden drei Hochschulen eingeführt. Ein weiterer Erfolg in dieser Richtung war die Errichtung eines regulären Turnplatzes in der Hochschule der Nordwestseite im Jahre 1891, auf welchen im Jahre 1893 ein zweiter in der neuen Hyde Park-Hochschule, und 1895 solche in der Medill- und John Marshall-Schule folgten. Gegenwärtig hat Chicago vier Hochschulen mit Turnplätzen.

Als zu Anfang des Jahres 1879 im Schulrath der Kampf gegen die Specialfächer — Singen, Zeichnen und deutschen Unterricht — entbrannt war, berief die Turn-Gemeinde eine Massenversammlung, um gegen diese Umtriebe des Knownothingthums zu protestiren.

Es geziemt sich wohl, an dieser Stelle darauf hinzuweisen, daß mehrere Bürgermeister der Stadt in Anerkennung der oben erwähnten Bestrebungen und Verdienste der Turn-Gemeinde um Jugenderziehung ihr eine Vertretung im städtischen Schulrath einräumten, und daß besonders durch die Wirksamkeit der Turner Louis Nettelhorst, Louis O. Kohtz und Fritz Goetz als Mitglieder des Schulraths, sowie des Herrn Heinrich Suder als Superintendent des Turnunterrichts in den öffentlichen Schulen, das ohnehin nicht geringe Ansehen des Vereins bei dem Amerikanerthum wesentlich erhöht wurde.

Ein vor mehreren Jahren von Turnlehrer Suder vor der Gemeinde erstatteter Bericht über öffentliche Turnplätze in Boston gab die Veranlassung dazu, daß die Chicago Turn-Gemeinde eine energische

Emil Bloch.

Agitation für die Einrichtung solcher Turnplätze in unseren öffentlichen Parks in's Leben rief, und hätte die Lincoln Park-Behörde sich den liberalen Vorschlägen der Turn-Gemeinde gegenüber gefügiger gezeigt, so wäre der Turnplatz, der später im Douglas Park eröffnet wurde und der hauptsächlich den Bemühungen des Vorwärts-Turnvereins seine Entstehung verdankt, wahrscheinlich nicht die erste öffentliche Anstalt dieser Art in Chicago.

Die schon so oft bewiesene national-patriotische Gesinnung der Chicago Turn-Gemeinde kam wieder zum Ausbruch, als im Oktober 1879 General Grant Chicago einen Besuch abstattete und die Turner in stattlicher Vertretung zu seinem Empfange ausrückten, sowie auch nach dem beklagenswerthen Hinscheiden des Märtyrer-Präsidenten James A. Garfield, dessen Andenken die Turn-Gemeinde durch in einer Special-Versammlung angenommene passende Trauerbeschlüsse ehrte.

August Herzberg.

Als im Jahre 1883 der Convent des deutsch-amerikanischen Lehrerbundes in Chicago stattfand, stellte die Turn-Gemeinde demselben ihre Halle kostenfrei zur Verfügung. Im Jahre 1888 nahm sie energisch Stellung gegen eine Beschränkung der Einwanderung, für welche damals im Kongreß eifrig agitirt wurde.

Hervorragende Ereignisse aus den letzten Jahren des Wirkens der Turn-Gemeinde in der Oeffentlichkeit sind ihre wirksame Agitation gegen die Angriffe auf den deutschen Unterricht in den öffentlichen Schulen im Jahre 1893, ihre rege Betheiligung an der Feier des „Deutschen Tages" zur Zeit der Weltausstellung, ihres Protestes gegen die Schließung der Schulen an dem sogenannten Temperenztage, dem 10. Oktober 1894, u. s. w.

Die Turn-Gemeinde hat mit Dem, was sie im Stillen, ohne Ostentation, Gutes gethan, nie geprahlt, doch sollte in einer Geschichte des Vereins nicht unerwähnt bleiben, daß durch die Turn-Gemeinde manche Thräne der Noth und des Elends getrocknet worden ist. In hochherziger, und oft seine Mittel übersteigender Weise hat der Verein nicht nur für seine eigenen, in Noth gerathenen Mitglieder gesorgt, sondern auch Fälle, in denen tüchtige Männer unverschuldet in's Elend kamen, zu den seinigen gemacht. Auch hat er in mehreren Fällen die Erziehung der Waisen in Chicago verstorbener Mitglieder in die Hand genommen, wie er auch in Krankheitsfällen seine Mitglieder unterstützt. Daß die Turn-Gemeinde bei allen Sammlungen für allgemeine und wohlthätige Zwecke nicht zurücksteht, ist allgemein bekannt, und bedarf es zum Beweise dafür nur der Anführung einiger Beispiele, wie der bedeutenden Beträge für die Abgebrannten in Oshkosh im Jahre 1875, für die Gelbfieberkranken in Savannah in 1876, die vom Wirbelsturm heimgesuchten Einwohner Neu-Ulms, für welche in der Nordseite Turnhalle, unter Mitwirkung der Chicagoer Turnvereine, im October 1881 ein großes Schauturnen veranstaltet wurde; für die Fieberkranken in New Orleans, Memphis ꝛc. in 1878, die Ueberschwemmten in der Rheingegend in 1883, wo die Sammlungen der Turn-Gemeinde $720 betrugen, die Ueberschwemmten im Ohio-Thale in 1884 u. s. w. Bei einem von der Bezirks-Tagsatzung beschlossenen, in dem Ausstellungsgebäude abgehaltenen Fest zum Besten der Ueberschwemmten in Johnstown, unter der technischen Leitung sämmtlicher Turnlehrer, führte Turnlehrer Suder die Oberleitung, und dieses Fest war nicht nur ein finanzieller, sondern auch ein agitatorischer Erfolg. In liberaler und wirksamer Weise hat die Turn-Gemeinde auch wiederholt wohlthätige Anstalten, wie die Deutsche Gesellschaft, das Uhlich'sche Waisenhaus, das Deutsche Altenheim, sowohl direkt als indirekt, durch thätige Betheiligung an ihren Festen, unterstützt, überhaupt auf mannigfachen Gebieten ihren Wohlthätigkeitssinn bethätigt.

Nachmittags-Concerte und Gesangs-Sektion.

Das auch der fördernde Einfluß der Musik auf die geistige Bildung des Volkes von der Chicago Turn-Gemeinde gewürdigt wurde, hat sie in schönster Weise durch die Einführung und jahrelange ununterbrochene Aufrechterhaltung der beliebten und volksthümlichen Sonntags-Nachmittags-Concerte in der Nordseite-Turnhalle bewiesen, durch welche sie jedoch in Chicago nicht allein den Geschmack für Musik geweckt und stetig gehoben, sondern auch dem anglo-amerikanischen Theil der Bevölkerung die Gelegenheit geboten hat, mit dem sozialen Leben der Deutsch-Amerikaner bekannt zu werden.

Ein kurzer geschichtlicher Rückblick auf diesen edlen Zweig der Wirksamkeit der Turn-Gemeinde ist darum hier wohl am Platze.

Nachdem im Jahre 1863 die Regiments-Kapelle des 1. Hecker-Regimentes, die „Great Western Band" (Wm. Burkhardt, Dirigent), vom Kriegsschauplatze zurückgekehrt war, wurde am Sylvesterabend 1863—1864 die damalige Turnhalle an Nord-Clarkstraße, unter Betheiligung genannter Kapelle eingeweiht, und am 27. Januar 1864 wurde von letzterer unter Leitung von Christoph Romanus das erste Sonntags-Nachmittags-Concert in der Nordseite-Turnhalle veranstaltet. Das Orchester zählte 12 Mann und der Eintritt betrug 10 Cents.

Der Anfang war ein vielverheißender und an einem der ersten Sonntage wurden nicht weniger als 2000 Eintrittskarten verkauft. Die Turn-Gemeinde legte sich mit großer Energie in's Mittel und stellte aus den Reihen ihrer Mitglieder nicht nur die Kassirer, sondern auch die Schanktellner und Aufwärter, die sämmtlich ihre Dienste der guten Sache widmeten und ihre Arbeit umsonst, d. h. ohne Bezahlung, verrichteten. Der damalige Verwalter, Herr Joseph Huhn, hatte darüber zu entscheiden, wer von den Turnern sich für die auszuübenden Dienste eignete und wer nicht. Weigerte sich der Eine oder der Andere, das ihm zugewiesene Amt

Die Concert-Halle.

zu übernehmen, oder konnte er demselben aus diesem oder jenem Grunde nicht vorstehen, so war er verpflichtet, einen Ersatzmann zu stellen und diesen aus eigener Tasche zu bezahlen.

Im Jahre 1865 legte Herr Romanus den Dirigentenstab nieder und die „Great Western" vereinigte sich mit der „Light Guard" unter dem Namen „Great Western Light Guard Band" und unter der Direktion von A. J. Baas. Das letzte Nachmittags-Concert in der alten Turnhalle fand am Sonntag, den 8. Oktober 1871 statt; am nächsten Morgen war der beliebte Sammelplatz der Chicagoer Deutschen ein Trümmerhaufen.

Kurz nach dem Feuer wurden die Concerte, zwar unter wenig ermuthigenden Verhältnissen, in der Vorwärts-Turnhalle und der damaligen Burlington-Halle an Statestraße wieder eröffnet, doch erst nach der Einweihung des heutigen stolzen Heims der Chicago Turn-Gemeinde, im Januar 1873, gelangten die Concerte wieder auf gute Bahn.

Das von Herrn Flodoard Hoffmann dirigirte Orchester bestand aus dreißig guten Musikern und die Programme waren mit gutem Geschick aufgestellt. Der ihm folgende Dirigent, Herr Hans Balatta, war in finanzieller Hinsicht minder erfolgreich, wahrscheinlich in Folge allzustarker Neigung zu klassischer Musik. Herr Joseph Clauder, der Nachfolger Hans Balatta's, fügte sich mehr dem Geschmack des Publikums und erntete finanziellen wie künstlerischen Erfolg, während Direktor Loesch in den Jahren 1876—1878 geradezu Triumphe feierte. Im Jahre 1879 übernahm Prof. Adolf Rosenbecker die Concerte auf eigene Rechnung. Mit Ausnahme der Saison 1886—1887, als er wegen gewisser, bald nachher wieder beigelegter Meinungsverschiedenheiten nach Brand's Halle übersiedelte, während in der Turnhalle Herr Julian Heinze den Taktstock führte, hat der strebsame und tüchtige Kapellmeister den verschiedenen Geschmacksrichtungen der Musikfreunde Rechnung getragen und die Concerte auf eine sichere und feste Basis gestellt.

Aus besonderen Gründen wurde im Herbst 1895 die Leitung der Concerte Herrn Carl Bunge übertragen. Erwähnung verdient in dieser Verbindung ein am 27. Januar 1889 zur Feier des 25-jährigen Bestehens der Concerte abgehaltenes Jubiläum-Concert unter Rosenbecker's Leitung, bei welchem unter Anderem die Ouverture zu „Dichter und Bauer" von Suppé von 12 noch lebenden Musikern, die bei dem ersten Concert mitgewirkt hatten, unter Leitung des ersten Dirigenten Carl Romanns ausgeführt wurde, selbstverständlich unter Verstärkung durch die jüngeren Musiker.

Aber nicht nur auf dem orchestralen Gebiete der Musik hat die Chicago Turn-Gemeinde bahnbrechend und erfolgreich gewirkt; auch der deutsche Gesang fand in ihrer Mitte eine gesunde und fruchtbare Pflegestätte, und die Gesang-Sektion der Turn-Gemeinde, welche heute aus 38 aktiven Sängern besteht, darf sich ohne Ueberhebung zu den leistungsfähigsten Gesangvereinen der Stadt rechnen. Sie blickt bereits auf eine 40-jährige Geschichte zurück, während welcher Zeit allerdings mehrere Male Perioden der Unthätigkeit eintraten, die dann jedesmal eine Reorganisation nöthig machten. Der letzte dieser Wiederbelebungsprozesse wurde im Jahre 1865 vorgenommen, sodaß die Gesangsektion dieses Jahr, von welchem an sie fast ununterbrochen bestanden und gewirkt hat, als Jubiläumsjahr festgesetzt hat.

Die erste Gründung einer Gesangs-Sektion erfolgte im Jahre 1856 unter der Direktion von Carl Romanus und die ersten Proben wurden in der alten Turnhalle an Griswoldstraße abgehalten, später nach einem Lokal an der W. Randolphstraße und dann nach der Kinzie-Halle verlegt. Als der Krieg ausbrach, zogen viele Mitglieder mit der Turner-Compagnie in's Feld und es fanden daher während dieser Zeit keine regelmäßigen Proben statt. Nach dem Bau der neuen Halle an N. Clarkstraße jedoch wurde die erwähnte Reorganisation vorgenommen. Die Leitung der Proben hatte während der bisherigen Jahre in den Händen verschiedener Musiker, wie der Herren A. Wilhelmi, Otto Lob, Emil Zott und A. Moeser, gelegen und im Jahre 1869 wurde Herr Bernhard Ziehn zum Dirigenten gewählt, welcher mit großem Fleiß und Geschick die Proben bis kurz vor dem großen Feuer leitete. Im September 1871 war Herr Abel auf kurze Zeit Dirigent, der jedoch nur vier Proben leitete.

Das Feuer brachte natürlich auch die Gesangs-Sektion aus Rand und Band, doch schon im Frühjahr des folgenden Jahres wurden so ziemlich alle Mitglieder wieder zusammengetrommelt und während des Sommers wurde dann fleißig geübt. Herr Ziehn übernahm auch jetzt wieder die Direktion, doch da die Mitglieder durch das Feuer zu weit auseinander getrieben worden waren, so wollte kein rechtes Gedeihen in die Sache kommen, bis die jetzige Halle an Stelle der provisorischen fertiggestellt war und die Sänger schon durch das stattliche neue Heim zu frischem Streben angespornt wurden. Es wurde nun auch ein gemischter Chor organisirt, der ungefähr ein Jahr lang regelmäßige Proben abhielt, dann aber wieder einging.

Unter verschiedenen Dirigenten — es waren dies außer den schon genannten noch die Herren F. Großeurth, Oscar Schmoll, Carl Kölling, Henry Schönefeld und Julian Heinze — gedieh der Männerchor zu einem kräftigen, tüchtigen Verein; den besten Erfolg aber erzielte Herr Julian Heinze, der im Jahre 1881 zum Dirigenten erwählt wurde und das Amt etwa 12 bis 13 Jahre zur größten Zufriedenheit der Mitglieder bekleidete. Als er später durch Krankheit gezwungen wurde, es niederzulegen, folgte ihm zuerst Herr Schoenefeld und dann sein Bruder Victor Heinze. Als interimistischer Dirigent fungirte im Jahre 1895 Herr Jacob Benner, ein altes, verdienstvolles Mitglied der Gesangs-Sektion, der auch schon früher öfters, wenn der Dirigent aus irgend welchen Gründen fehlte, in die Bresche gesprungen war. Vor Kurzem wurde Herrn Benner eine ehrende Ueberraschung bereitet, indem ihm durch den ersten Sprecher der Turn-Gemeinde, Herrn G. A. Schmidt, sowie die Herren Adam Preß und Carl Moldenhauer in Anerkennung seiner Verdienste um den Verein ein künstlerisch ausgearbeitetes Gedenkblatt überreicht wurde. In neuerer Zeit hat die Gesangs-Sektion in Herrn Friedr. Aug. Kern, einem früheren preußischen

Militär-Kapellmeister aus Trier, der sich auch bereits durch einige wirkungsvolle Compositionen hervorgethan hat, einen äußerst tüchtigen Dirigenten erhalten, der es durch seine Rührigkeit und das Interesse, das er den Sängern einzuflößen weiß, dahin gebracht hat, daß die Proben fleißiger besucht werden, als je zuvor.

Die Gesangs-Sektion trägt bei fast allen Festlichkeiten der Chicago Turn-Gemeinde durch ihre prächtigen Lieder erheblich zur Verschönerung dieser Feste bei und hat sich auch stets mit an den Bundes- und Bezirksturnfesten betheiligt. Auf den Bundes-Turnfesten in Cincinnati (1889) und Milwaukee (1893), sowie dem Bezirks-Turnfest in Lake View (1890), holte sie sich schöne Ehrenpreise und gelegentlich der Einweihung der Sängerhalle in Blue Island im September 1887 wurde ihr als Preis eine kostbare Lyra verehrt. Die Gesangs-Sektion pflegt im Sommer in der Regel einen Ausflug in die Sommerfrische zu machen und sind von solchen Sängerfahrten diejenigen nach Watertown, Wis., und nach dem Brown's Lake als die genußreichsten hervorzuheben.

Auf dem Programm des Jubiläums-Concerts zur Feier des 30-jährigen Stiftungsfestes am 27. Januar 1895 unter Leitung von Julian Heinze sind als Pionier-Sänger die Herren Wm. Berblinger, P. F. Bischoff, A. Boese, Ph. Brandt, Philipp Dieß, John W. Dieß, Samuel Engel, Hubert Eßers, Friedr. Frosch, Otto Germann, L. Gölzlin, C. Ed. Graßow, Franz Groß, Peter Hand, Theo. Harz, Gustav Hauboldt, Chas. Hulte, Justus Löhr, F. Lott, Lorenz Mattern, Henry Mattern, John C. Miller, Robert Schubert, Franz Senge, Joseph Staab, L. Suhr, R. Weidemann, Ed. Witte und Julius Zimmermann aufgeführt. Von den älteren Sängern, die heute noch aktiv sind, nenne ich die Herren Wm. G. Apfel, Jakob Benner, Aug. W. Fleck, John H. Glade, L. Kunze, Jos. B. Petrie, L. Suhr, Wm. J. Weber, Wm. J. Weinsheimer und J. M. Bender, von denen die Herren Benner, Bender und Weber zu verschiedenen Zeiten Vorsitzende des Singraths waren. Der jetzige Singrath besteht aus den Herren Carl Moldenhauer, Vorsitzender, C. Michaelis und Fred. Heß. Wegen besonderer Verdienste um die Gesangs-Sektion hat dieselbe die Herren Max Stern, Louis C. Kohß, Adolph Georg, Fritz Göß, G. A. Schmidt und Gustav Berkes zu Ehrenmitgliedern ernannt.

Außer der Gesangs-Sektion bestand auch eine Zeit lang eine dramatische Sektion, die im Juni 1877 gegründet wurde und wiederholt die Abend-Unterhaltungen der Turn-Gemeinde durch kleine hübsche Aufführungen belebte. Es fehlte ihr indeß an der nöthigen Lebenskraft, um sich eine dauernde Existenz zu sichern, und schlief ein, als mit der Neuheit auch das Interesse verloren ging.

Leistungen auf dem Gebiete der Turnerei.

Die zahlreichen Siegestrophäen, welche die Turn=Gemeinde bei allen Bundes= und Bezirks=Turnfesten in Gestalt von Einzel= und Riegenpreisen davongetragen hat, sind ein ehrendes Zeugniß für den ächt turnerischen Geist, der in dem Verein herrscht, sowie für die Turnlehrer, die mit gewissenhaftem Eifer und Fleiß ihrem Beruf oblagen. Das erste Turnfest nach dem Feuer war das in Cincinnati im Jahre 1873, bei welchem zum ersten Male ein großes Gruppenturnen von Musterriegen eingeführt wurde. Aus dem fidelen Bummellied, mit welchem die Söhne der Turn=Gemeinde in die ehrwürdige Porkopolis einzogen, seien hier ein paar launige Strophen angeführt:

> Lebet wohl, oh Juste, Liese, Betty,
> Denk an mich Geliebte, bleib mir treu!
> Holdes Weib, ich geh' nach Cincinnati,
> Es wär' 'ne Schande, wär' ich nicht dabei.
> Kann doch nicht, nein, nein, valleralla,
> Stets Philister sein, valleralla,
> Stürz' mich jetzt fidel in den Strudel 'nein!

> Ob auch eingebor'ne Whisky=Priester
> Unsern alten Freund Gambrinus schmäh'n,
> Aus des Betstuhls muckerhaftem Düster
> Jetzt dem alten Haus zu Leibe geh'n.
> Schwatzen sie auch frech, valleralla,
> Ungeheures Blech, valleralla,
> Haben sie doch stets bei Turnern Pech.

Auch auf dem Bundes=Turnfeste in New York im Jahre 1875 zeichnete sich die Turn=Gemeinde rühmlich aus und brachte von dort mehrere Ehrenpreise heim. Das Turnfest in Milwaukee im Jahre 1877 ist insofern bemerkenswerth, als zu jener Zeit der große Eisenbahnstreik ausbrach und die Turner aus dem Osten wegen Unterbrechung des Eisenbahn=Verkehrs gezwungen waren, mehrere Tage in Chicago, wo sie stecken blieben, zu verweilen. Die Turn=Gemeinde bot ihnen bereitwilligst ihre Halle als Quartier an und verstand es vortrefflich, ihnen den unfreiwilligen Aufenthalt in der Gartenstadt zu verschönern. Auch aus dem Milwaukee'r Bummelliede verdienen einige Strophen hier wiedergegeben zu werden:

> Und ob sich im Osten die Völker bekriegen,
> Ob Russe und Türk' in den Haaren sich liegen,
> Ob Christ dort und Jude im bänglichsten Joch —
> Dies ist uns egal, nach Milwaukee geht's doch!

> Der John G. alleine hat Greenbacks in Masse,
> Nie wird's bei ihm alle, b'rum führt er die Kasse,
> Durch ihn wird dem Turner ein Exempel statuirt:
> Wie man immer berappt und doch nie raisonirt.
>
> Bei Quentin im Parke, bei Sternengefunkel,
> Da ist's in den Lauben so still und so dunkel,
> Doch plötzlich erhebt sich bengalisches Licht —
> Gar mancher „Aktive" der „gleicht" so was nicht.
>
> Und dann in der Turnhall', im Massenquartiere,
> Dort kneipt der „Passive" bis Morgens halb viere,
> Dann zieht er nach reichlich genossenem Glück
> Sich gern auf den schwellenden Strohsack zurück.

Von Bezirks-Turnfesten der älteren Periode waren die in Peru, Pekin und Freeport abgehaltenen die erfolg- und genußreichsten, von welchen Städten vor Allem das idyllische Peru, in welchem im Ganzen vier Bezirks-Turnfeste stattfanden, den hiesigen Turnern an's Herz gewachsen ist. Aber auch auf den Festen in Aurora, Ottawa, LaSalle, South Bend ꝛc. war die Turn-Gemeinde stets würdig vertreten.

Eine schöne Erinnerung aus der alten Zeit sind die sogenannten Turnfahrten, die nach ächt deutscher Weise aus langen Tauermärschen nach benachbarten Städtchen und Ortschaften bestanden und nicht selten bei Nacht unternommen wurden. Mit innerem Behagen erzählen die älteren Mitglieder der Turn-Gemeinde von einer noch von der alten provisorischen Turnhalle aus angetretenen Turnfahrt nach Blue Island, die in strömendem Regen durchgeführt wurde. Es war nämlich der Turn-Gemeinde zu Ohren gekommen, daß auch der Turnverein „Vorwärts" auf denselben Tag eine Turnfahrt nach Blue Island arrangirt habe, und es wurden nun die Turner Peter Hand und Frank Schweinfurth als geheime Kundschafter nach der Turnhalle an W. 12. Straße gesandt, um zu ermitteln, ob dort Anstalten zu dem Ausmarsch getroffen würden. Als dann die Nachricht kam, daß bei den Vorwärtslern alles zum Marsche bereit sei, machten sich auch die Aktiven der Turn-Gemeinde — es hatten sich ihrer etwa 40 Mann eingefunden — auf den Weg, fuhren mit der Straßenbahn bis zur 39. Straße, marschirten in Eilmärschen nach Süd-Englewood und legten sich dort, als sie die Vorwärtsler an der Halstedstraße von Norden her anrücken sahen, in den Hinterhalt und setzten einen allerliebsten Ueberfall in Scene, bei welchem ihnen die Wagen mit Gerstensaft und Fourage zur Beute fielen. Nach herzkräftigender Stärkung wurde dann gemeinschaftlich der Marsch in bester Laune fortgesetzt und in Blue Island, wo sich später der Himmel aufgeklärt hatte, mit dem dortigen Turnverein ein fröhliches Pic-Nic gefeiert.

An andere Turnfahrten nach Niles Centre, für welche Turner Julius Zimmermann ein witziges Bummellied verfaßte, nach Jefferson und anderen benachbarten Ortschaften knüpfen sich ähnliche köstliche Episoden. In späteren Jahren haben diese Turnfahrten ein wenig an Interesse verloren, zumal als das Baseball-Spiel sich auch in Turnerkreisen einbürgerte. Auch war später die Betheiligung der Passiven keine so rege mehr.

In Verbindung mit diesen Turnfahrten mögen auch die genußreichen Ausflüge nach „Bier-Athen" erwähnt werden, mit dessen bedeutendstem Turnverband, dem „Westseite-Turnverein", die Chicago Turn-Gemeinde stets in einem freundschaftlichen Cartellverhältnisse gestanden und dessen Gastfreundschaft sie mehrmals erwiedert hat. Von der ersten Excursion nach Milwaukee ist uns ein Bummellied überliefert, dessen Charakter durch nachstehende Strophen gekennzeichnet wird:

   Und liegt in Schutt und Asche auch
   Die Stadt, die uns so werth,
   Dem Phönix gleich, aus Schutt und Rauch
   Ersteht sie unversehrt.
   Es bringe Jeder sich zurück
   Zum Aufbau 'nen Milwaukee Brick.

   In Sack und Asche geh'n daher,
   Das kommt uns komisch vor,
   Sind manchmal uns're Taschen leer,
   Sind wir doch voll Humor, —
   Von Kaiserthum, Philisterei
   Hält sich der rechte Turner frei.

   D'rum stoßet an mit vollem Klang
   Und stimmet fröhlich ein,
   Milwaukee's edler Gerstentrank
   Soll hochgepriesen sein.
   Viel hochberühmte Brauer hat's,
   Doch ist beim Schlitz der beste Platz!

Für eine spätere Excursion im Jahre 1876 wurde eine Festcantate verfaßt, die nach der Melodie „Als ich noch Prinz war von Arkadien" die Sehenswürdigkeiten und Vorzüge der Rahmstadt verherrlicht. Daß damals in Milwaukee das Turnen schon in den öffentlichen Schulen eingeführt war, wird in folgender launiger Weise besungen:

   Auch turnt man fleißig in den Schulen,
   Die Tochter turnt, es turnt der Sohn;
   Die kleinsten Jetten, Annen, Julien,
   Die schwingen früh die Keulen schon.
   Laßt uns daran ein Beispiel nehmigen
   Und nehmt die Schulen wohl in Acht,
   Sonst mußt Chicago du dich schämigen,
   Was dir doch sonst stets Kummer macht.

Auf den Bundes- und Bezirks-Tagsatzungen thaten sich die Delegaten der Turn-Gemeinde, welche auf der Tagsatzung in Cleveland im Jahre 1872 den Bundesvorort erhielt, und auch auf denen in Rochester (1874) und Neu-Ulm (1876) als Vorort wiedergewählt wurde, stets durch eine rege und die Interessen des Bundes fördernde Theilnahme an den Berathungen und Debatten hervor, und manche gemeinnützigen Bestrebungen wurden von ihnen angeregt.

Hatte die Chicago Turn-Gemeinde schon unter dem Regime des Turnlehrers August Lang sich in Bezug auf turnerische Leistungen zu einer achtungswerthen und hervorragenden Stellung unter den ersten Turnvereinen des Landes emporgeschwungen, so machten die wackeren Jünger Jahn's unter der Leitung des Herrn Heinrich Suder, der am 1. October 1879 sein Amt als Turnlehrer antrat, noch bedeutend größere Fortschritte. Herr Lang hatte im April desselben Jahres seine Stellung niedergelegt, und die Turn-Gemeinde hielt nun Umschau nach einem tüchtigen Nachfolger, den sie in dem jungen, damals in Californien weilenden

Heinrich Suder.

Suder fand. Die Verdienste, welche sich dieser vollständig in seinem Beruf aufgehende, peinlich gewissenhafte und von einer beneidenswerthen Thatkraft erfüllte Lehrer während seiner 16-jährigen Amtsthätigkeit um die Turn-Gemeinde erworben hat, kann der Verein nicht hoch genug schätzen, doch sei es letzterem zur Ehre gesagt, daß er jene Verdienste stets dankbar anerkannt und dieser seiner Anerkennung wiederholt in der schönsten und würdigsten Weise Ausdruck gegeben hat. Den ersten größeren Erfolg erntete Herr Suder mit seinen eifrigen Schutzbefohlenen auf dem Bezirks-Turnfest in Peru im Sommer des Jahres 1880, wo die Turn-Gemeinde fast alle ersten Preise, und von den sämmtlichen 36 Preisen, die zur Vertheilung kamen, allein 20, also die größere Hälfte, erhielt. Die Rückkehr der preisgekrönten Turner von diesem Feld der Ehre war denn auch für die Gemeinde ein Jubelfest voll freudiger Begeisterung. Man hatte sich nicht verhehlt, daß die Turn-Gemeinde in den unmittelbar vorhergehenden Jahren auf dem praktischen Gebiete der Turnerei nicht mehr das geleistet, was sie früher fertig gebracht, und mit um so größerer Freude wurde dieser bedeutende turnerische Erfolg, der erste seit langer Zeit, begrüßt. Daß sich aber die

Turner durch denselben nicht verleiten ließen, allzu lange auf ihren Lorbeeren auszuruhen, sondern frisch und muthig weiter strebten, zeigen die nicht minder beneidenswerthen Erfolge auf den späteren Bezirks- und Bundes-Turnfesten, von denen diejenigen in Newark (1885), Cincinnati (1889) und Milwaukee (1893) als die bedeutendsten hervorzuheben sind. Auch das Kreis-Turnfest in St. Paul (1891) brachte der Turn-Gemeinde reiche Siegestrophäen ein.

Ein großer Theil dieser Erfolge ist ohne Frage der durch Turnlehrer Suder im Verein mit dem damaligen Turnwart Louis Nettelhorst eifrig geförderten Pflege des Volksturnens zuzuschreiben, das erst vom Jahre 1880 an regelmäßig betrieben und für welches passende Plätze im Freien ausersehen wurden. So turnte man die ersten drei Sommer, von 1880 bis 1882, an jedem Sonntag Morgen in Dieckmann's Grove im nördlichen Lake View, dann in dem Garten des Lehmann'schen Besißthums an Diversey- und Clarkstraße, und als die Turner diesen Plaß nicht mehr benußen konnten, wurde an der Halstedstraße, nahe Diversey Avenue, für den besonderen Zweck ein Grundstück gekauft. Sobald aber die neue Turnhalle an Wellsstraße vollendet war, wurden auch die Volks-Turnübungen dorthin verlegt.

Der Aufschwung, den die Turn-Gemeinde in den Achtziger-Jahren auf dem praktischen Gebiete der Turnerei nahm, fachte auch bei den älteren Mitgliedern wieder die Liebe zum Turnen an. Zwar war schon am 1. März des Jahres 1876 auf Veranlassung von Turner Ernst Hibbeler eine sogenannte „Bärenriege", bestehend aus 16 alten Turnern, gegründet worden, welche ab und zu sich auf dem Turnplaß produzirte, doch eine systematische Organisation der alten Turner in „Altersklassen", wie sie dann genannt wurden, erfolgte erst ein paar Jahre später, und auf dem Bezirks-Turnfest in Peru im Jahre 1884 nahm zum ersten Male eine Altersriege am Preisturnen Theil. Nun wurde auch bald darauf, im September 1885, in einer Versammlung in der Fortschritt-Turnhalle auf Veranlassung der Chicago Turn-Gemeinde ein Altersklassen-Verband gegründet, dem sich die Altersriegen sämmtlicher hiesigen Turnvereine anschlossen. In die Altersklassen werden nur Turner über 30 Jahre aufgenommen und es finden sich in derjenigen der Turn-Gemeinde Männer aller Altersstufen von 30 bis zu 65 Jahren.

Nachdem die Altersriegen auf den Bezirks-Turnfesten schon mehrere Jahre mitgewirkt, wurde im Frühjahr 1889 bei einem Turntag beschlossen, den Bundes-Vorort zu ersuchen, beim Turnfest in Cincinnati auch ein Turnen der Altersklassen des Bundes zu veranstalten, und seitdem spielen auch auf Bundes-Turnfesten die Altersklassen eine Rolle. Bei der Turn-Gemeinde fühlen aber auch noch die ältesten Pioniere aus der Gründungs- und Jugendzeit des Vereins turnerisches Blut in ihren Adern rollen, und dadurch, daß sie in jedem Monat einmal auf dem Turnplatze zusammenkommen und Freiübungen machen, suchen sie ihre Glieder jung zu erhalten. Die Pionier-Riege wurde im Frühjahr 1894 organisirt, nachdem schon im Dezember des vorhergehenden Jahres „zur Erinnerung an vergangene Tage" ein Schauturnen der Pioniere und Veteranen der deutschen Turnerei stattgefunden hatte, und bei einem am 28. Oktober 1894 abgehaltenen Pionier-Schauturnen, bei welchem sogar zwei Herren, die das 75. Lebensjahr bereits überschritten, mitwirkten, erfüllten die Leistungen dieser alten ergrauten Veteranen alle Anwesenden mit Erstaunen.

Die Grundlage und Stütze des Vereins für die Zukunft bilden natürlich die Zöglings-Klassen, die einen immer größeren Aufschwung nehmen und an Mitgliederzahl wachsen, und auch die seit einigen Jahren organisirte Damen-Klasse ist, besonders seit dem Beziehen der neuen Turnhalle, zu großer Blüthe gelangt, sodaß unter 760 Schülern, welche während des Jahres nach der Einweihung der neuen Halle daselbst turnten, nicht weniger als 128 Damen waren. Zum Zweck eines engeren Zusammenhaltens unter den Zöglingen wurde im April 1874 ein Zöglings-Verein gegründet, der im April des folgenden Jahres in glänzender Weise sein Stiftungsfest feierte, doch hat es sich später als vortheilhafter für die Interessen der Turn-Gemeinde herausgestellt, wenn keine derartige Neben-Organisation bestehe, und sie wurde daher nach einigen Jahren wieder aufgehoben.

Es ist das Verdienst der Chicago Turn-Gemeinde die erste Anregung zu dem Bau der Bundes-Turnhalle in Milwaukee gegeben zu haben, denn nachdem Turnlehrer Suder als Mitglied des Beobachtungs-Ausschusses über die Schlußprüfung des zehnten Cursus des Turnlehrer-Seminars in Erfahrung gebracht hatte, daß der Turnverein „Milwaukee" sich weigere, das Turnlehrer-Seminar, das im Jahre '75 nach Milwaukee verlegt war, ferner zu übernehmen, machte er sofort auf die Nothwendigkeit der Errichtung einer Bundes-Turnhalle aufmerksam und auf seine Veranlassung wurden die Delegaten zur Bezirks-Tagsatzung instruirt, dafür zu wirken, daß in der Bundes-Tagsatzung in Chicago im Jahre 1888 das Projekt gefördert werde. In dieser Sitzung wurde dann auch die Sache angeregt, jedoch noch um einen weiteren Termin verschoben. Nachdem dann die Pfister'sche Schenkung eines Grundstücks erfolgt war, wurde auf der Bundes-Tagsatzung im Jahre 1890 beschlossen, die Kosten des Baues durch freiwillige Beiträge aufzubringen und später das Projekt ausgeführt.

Unter den Leistungen der Turn-Gemeinde auf dem Gebiete der turnerischen Bestrebungen verdient auch die Gründung der ersten Fecht-Sektion erwähnt zu werden, welche Einrichtung bald bei anderen Vereinen Nachahmung fand, sodaß bereits im Mai 1889 in der Nordseite-Turnhalle ein Fechtertag der Chicagoer Vereine veranstaltet werden konnte. Der tüchtige Fechtlehrer Geo. Heinze jr. hat sich um die Ausbildung der Fecht-Sektion sehr verdient gemacht.

Die älteren Turner wissen sich indessen zu erinnern, daß schon Mitte der Sechziger=Jahre eine Fecht-Sektion bestanden hat, zu welcher u. A. die Turner Joseph Huhn, Paul Harmsen, Peter Hand, Fred. Buchmann und Leuß gehörten und deren Lehrer ein Franzose, Prof. A. de Polgrom, war. Im Besitze des Sohnes des Herrn Joseph Huhn befinden sich noch zwei mächtige silberne Preismedaillen, welche der Fechter Harmsen am 21. September 1866 im Rapier= und Degenfechten davongetragen hatte.

Bei ihren Ausmärschen, Turnfahrten und sonstigen Festlichkeiten im Freien hat das im Mai 1876 von Herrn John C. W. Rhode organisirte Trommler= und Pfeifer=Corps, das im September 1884 unter Leitung des Musikers Rexdorf gestellt, im April 1885 jedoch von Herrn Rhode reorganisirt wurde, der Turn=Gemeinde werthvolle Dienste geleistet.

In Verbindung mit den rein turnerischen Angelegenheiten mag hier noch erwähnt werden, daß, nachdem ein erster Versuch, eine Aenderung der Turnkleidung vorzunehmen, im Mai 1876 gescheitert war, am 23. Mai 1876 beschlossen wurde, anstatt des weißen Leinen-Anzuges einen Rock aus dunkelblauem Flanell und Beinkleider aus grauer Leinwand, resp. dunkle Beinkleider für Ausmärsche bei kaltem Wetter, nebst schwarzem, weichem Filzhut, einzuführen. Später wurde dann als Turneruniform bei Ausmärschen ein vollständig dunkelblauer Anzug angenommen.

Geistige Bestrebungen.

Von jeher ist es das Bestreben der Chicago Turn=Gemeinde gewesen, neben der Pflege des praktischen Turnens auch dem „geistigen Turnen" einen würdigen Platz auf dem Vereins-Programm einzuräumen, das heißt, durch Veranstaltung von Vortrags= und Unterhaltungs-Abenden, für welche in der Regel geistig hochbegabte Männer, nicht selten auch berühmte Literaten, Weltreisende und Künstler herangezogen wurden, den Mitgliedern Gelegenheit zu geben, sich geistig zu bilden, ihren Gesichtskreis zu erweitern und auf den Gebieten der Literatur, Kunst und Wissenschaft orientirt zu bleiben. Zur Pflege dieses „geistigen Turnens" wurden anfangs sogenannte „geistige Abende" veranstaltet, die zunächst nur für Mitglieder bestimmt waren, vom Jahre 1882 an jedoch auch von Damen besucht wurden. Zwei Jahre später wurde die Anordnung getroffen, daß nur für drei Abende der Saison ein Abend für Herren und Damen arrangirt und für diese ein besonderes, zweckentsprechendes Programm vorbereitet werde; in der neueren Zeit ist jedoch der Besuch aller geistig-gemüthlichen Abende, welche mit

Ausnahme der Sommermonate jeden letzten Mittwoch im Monat stattfinden, auch den Damen gestattet. Es sollte übrigens nicht vergessen werden, daß es die Chicago Turn-Gemeinde war, die an Stelle der „geistigen Abende", welche auch in anderen Turnvereinen bestanden, jedoch häufig trocken und uninteressant waren und daher keinen durchschlagenden Erfolg aufzuweisen hatten, die „geistig-gemüthlichen" Abende setzte und damit große Erfolge erzielte. Wo immer jene Abende nachgeahmt wurden, haben sie unendlich viel dazu beigetragen, auf das geistige Leben des betreffenden Vereins anregend einzuwirken. Die rege Theilnahme seitens der Mitglieder der Turn-Gemeinde an ihren geistig-gemüthlichen Versammlungen ist hauptsächlich dem Umstande zuzuschreiben, daß das Comite für geistige Bestrebungen stets mit großem Verständnisse und ungewöhnlichem Fleiß und Eifer hochinteressante Programme zusammenzustellen gewußt hat, die dem geistig anregenden und lehrreichen Vortrag seine Stelle einräumten und auch für gesangliche und deklamatorische Vorträge sorgten. Dem früheren Mitgliede Julius J. Cohen und vor Allem dem Turner Max Stern, der längere Zeit Vorsitzender des Comites für geistige Bestrebungen gewesen ist, gebührt eine besondere Anerkennung für die Förderung dieses wichtigen Zweiges der Wirksamkeit der Turn-Gemeinde. Es würde zu weit führen, hier die zahlreichen Vorträge zu nennen, die im Laufe der Jahre gelegentlich dieser „geistigen" und „geistig-gemütblichen" Abende in der Nordseite-Turnhalle gehalten wurden, doch wird die Erwähnung der nachfolgenden Namen das vortreffliche Material kennzeichnen, welches der Gemeinde in dieser Hinsicht zur Verfügung stand: General Friedrich Hecker (Vortrag über die versunkene „Atlantis" im Februar 1873); Dr. Louis Büchner, der bekannte moderne Materialist und Verfasser von „Kraft und Stoff" (1873); Gerhard Rohlfs, der berühmte Afrika-Forscher (mehrere Vorlesungen im Jahre 1876); Schünemann-Pott; Hermann Linde, Deklamator; Dr. Buchmann, Sibirien-Reisender; die Gebrüder Robert und Adolf Schlagintweit, Erforscher Indiens; der bekannte Dichter Friedrich Bodenstedt, der zu Anfang des Jahres 1880 Vorträge über morgenländische und abendländische Poesie (zum Besten der nothleidenden Schlesier) und ähnliche Themata hielt, und dem zu Ehren die Turn-Gemeinde am 3. März eine große Feier veranstaltete; Hermann Riotte; General Franz Sigel (Vorlesungen im Jahre 1879 über Eingeborene und Colonisation, sowie über das deutsche Element in den Vereinigten Staaten, mit besonderer Berücksichtigung der Bestrebungen der Turnvereine); die deutschen Reichstags-Abgeordneten Fritsche und Viereck, welche im März 1881 zum Besten der Wittwen und Waisen der aus Deutschland verbannten Socialisten Vorträge hielten; der Improvisator O. Hahn (1883); der socialdemokratische Reichstags-Abgeordnete Liebknecht (1886); Moritz Stratosch (1887); Dr. Carl Peters, Afrika-Reisender, u. s. w. Von hervorragenden einheimischen Kräften seien die Herren Prof. H. von Holst, Dr. E. G. Hirsch, Dr. Ernst Schmidt, M. M. Mangasarian, Wm. E. A. Thielepape, der besonders in den früheren Jahren sehr häufig in die Bresche sprang, H. H. Fick, Louis Schutt, Dr. Brobbeck, Prof. Dr. Klenze, Dr. Levy und Andere angeführt, und als ein Ereigniß von höherer Bedeutung auf diesem Gebiete der am 30. September 1891 veranstalteten Festlichkeit zur Feier des hundertjährigen Geburtstages Theodor Körner's gedacht, bei welcher Gelegenheit Dr. E. G. Hirsch in fulminanter Rede die Charaktergröße, den Heldenmuth und das hohe poetische Talent des gefeierten Freiheitskämpfers und -Dichters verherrlichte.

Die Wirren im Turnbezirk.

Aus der neueren Geschichte der Chicago Turn-Gemeinde sind besonders zwei Ereignisse von weittragender Bedeutung für den Verein gewesen. Das eine ist seine Ausschließung aus dem Chicago Turnbezirk und der zeitweilige Austritt aus dem Nordamerikanischen Turnerbund, mit bald darauf erfolgender Wiederaufnahme und Anschluß an den Indiana Turnbezirk, das zweite ist die Erbauung und Einweihung der neuen Turnhalle an Wellsstraße. Der Ursprung des ersteren Ereignisses fällt in jene bewegte Zeit zurück, wo durch das Bombenattentat auf dem Heumarkt die Bevölkerung der Stadt in die höchste Aufregung versetzt wurde und die Verurtheilung und Hinrichtung einiger der Urheber des Attentats in allen Kreisen der Gegenstand heftiger und erregter Erörterungen war. Die Chicago Turn-Gemeinde, vor welcher die Sache in Gestalt einer Protest-Aufforderung des Bezirksvororts zur Sprache kam, nahm den Standpunkt ein, daß es nicht Sache der Turner sei, die öffentliche Meinung durch Protestbeschlüsse zu beeinflussen, und lehnte die Unterzeichnung des Protestes ab. Die Erörterung dieser Fragen führte bald zu einer verhängnißvollen Spaltung zwischen dem radikalen und dem konservativen Element in den Turnvereinen, den „Rothen" und den „Blauen", wie sie damals genannt wurden; doch ohne auf diese, heute schon zum großen Theil wieder beigelegten Streitigkeiten und Wirren näher einzugehen, will ich hier nur anführen, daß die Ausschließung eines Mitgliedes der Turn-Gemeinde wegen ehrenrühriger Aeußerungen über andere, der konservativen Fraktion angehörende Turner, die in der Chicago Turn-Gemeinde eine überwiegende Mehrheit bildeten, zu einer Anklage gegen die Gemeinde beim Bezirksvorort wegen Rechtsverkürzung auf Grund eines Paragraphen der allgemeinen Bestimmungen der Bundes-Constitution führte. Diese Klage wurde von dem Bezirksvorort, in welchem der Ankläger selbst als erster Sprecher fungirte, aufrecht erhalten und am 19. Juli 1891 die Ausschließung der Turn-Gemeinde beschlossen, worauf dann sofort drei andere Vereine, der Germania Turnverein, der Central-Turnverein und die Südseite Turn-Gemeinde, ihren Austritt aus dem Chicago Turnbezirk erklärten. Am 20. September 1891 vereinigten sich die erwähnten Vereine und die Turn-Gemeinde unter dem Namen „Nationaler Turner-Verband", faßten eine Organisations- und eine Prinzipien-Erklärung ab und sandten dieselben an alle Turnvereine des Landes, um keinen Zweifel über die Stellung des Verbandes und den Stand der Angelegenheit zuzulassen. Dieser Verband bestand etwas über ein Jahr, denn schon im Oktober 1892 wurden Unterhandlungen mit dem Bundesvorort des Nordamerikanischen Turnerbundes betreffs Wiederaufnahme der vier Vereine in denselben angeknüpft und am 27. Dezember desselben Jahres erfolgte diese Wiederaufnahme, doch traten die vier Vereine, um keine neuen Reibereien in dem Chicago Turnbezirk heraufzubeschwören, aus demselben aus und wurden, nach einem mißglückten Versuche der Anschließung an den Wisconsiner Bezirk, am 13. April 1893 durch den Bundesvorort an den dem Indiana Turnbezirk zugetheilt, dem sie seither angehört haben. Auf den Bezirks-Turnfesten in Evansville im Jahre 1894 und in South Bend im Jahre 1896 erbeutete die Turn-Gemeinde zahlreiche Preise, und auf der letzten Bezirks-Tagsatzung in South Bend, am 26. April dieses Jahres, wurde der jetzige erste Sprecher der Chicago Turn-Gemeinde, Herr G. A. Schmidt, auch zum ersten Sprecher des Indiana Turnbezirks erwählt.

Die neue Turnhalle an Wellsstraße.

Schon um die Mitte der Achtziger-Jahre machte sich wegen der raschen Zunahme der Zahl der aktiven Mitglieder und Zöglinge das Bedürfniß nach einer Vergrößerung des Turnplatzes geltend und es wurde im Juli 1884 ein Comite ernannt, um bezüglich des Ankaufs des südlich von der Halle belegenen Grundstücks Unterhandlungen anzuknüpfen. Diese kamen indessen nicht zu einem erfolgreichen Abschluß und man behalf sich dann noch ein paar Jahre mit dem alten Turnplatz, bis endlich im Dezember 1890, hauptsächlich auf Betreiben des damaligen ersten Sprechers Louis Nettelhorst, die Erwerbung eines Grundstückes zwischen Wellsstraße und LaSalle Avenue, nördlich von Eugeniestraße, durch Pachtung auf 99 Jahre beschlossen wurde. Im Juni 1891 wurde mit dem Bau, für welchen ein Fonds durch Verkauf von Bonds in Höhe von $35,000 aufgebracht wurde, begonnen und am Samstag, den 8. Dezember 1892, fand Nachmittags die Einweihung dieses stattlichen Gebäudes statt, das in seinem Innern den schönsten und geräumigsten Turnplatz, ausgestattet mit den neuesten und praktischsten Geräthen, birgt. An der Einweihungsfeier nahmen nur die Mitglieder und deren Damen, sowie einige eingeladene Freunde Theil, doch war das Programm nichtsdestoweniger ein höchst gediegenes. Es bestand aus einer Fest-Ouverture, einem Weihelied, vorgetragen von dem Gesang-Verein „Fidelia" und dem Turner-Männerchor, Festreden von Louis Nettelhorst und Bürgermeister Hempstead Washburne, einem Vortrag des Grieg'schen Tonwerkes „Landkennung" und äußerst geschickt arrangirten Massen-Freiübungen, Turnübungen und Kampfspielen unter Leitung des Turnlehrers Suder. Des Abends war dann das neue Gebäude dem Publikum zur Besichtigung geöffnet. Bei dem Entschluß, in einer weiter

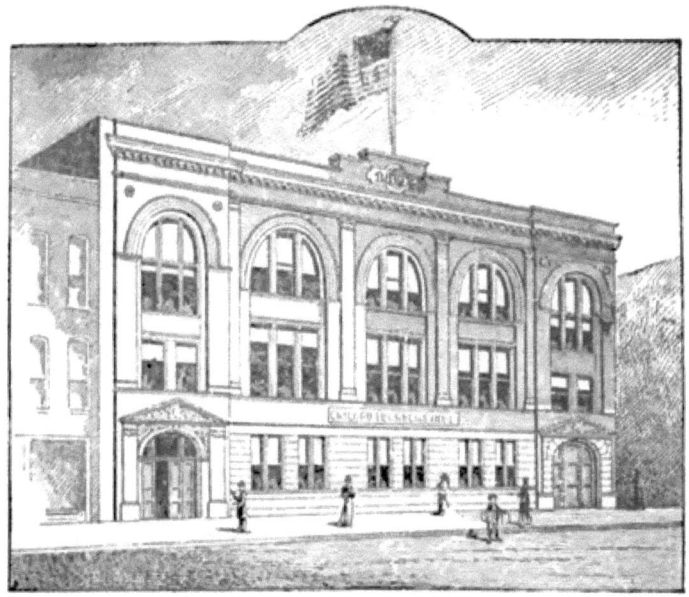

Die neue Turnhalle an Wellsstraße.

nördlich gelegenen Gegend einen neuen Turnplatz zu bauen, wurde die Turn-Gemeinde hauptsächlich durch die Erwägung geleitet, daß die große Mehrzahl der Mitglieder und Zöglinge nördlich von der North Avenue wohnen, und es hat sich denn auch herausgestellt, daß dieser Beschluß ein sehr weiser war, indem der Besuch der Turnstunden in der neuen Halle einen wesentlichen Aufschwung nahm. In Verbindung mit dem Turnplatz wurde dann später durch den Schwimmlehrer Fritz Mayer, an welchen der östliche Theil des Grundstückes im Januar 1894 verpachtet wurde, eine Schwimm-Anstalt eingerichtet, die sich sowohl im Sommer wie im Winter eines großen Zuspruchs erfreut.

Die große Zunahme der Zahl der aktiven Turner und Zöglinge erforderte bereits im Jahre 1891 die Anstellung eines Hülfs-Turnlehrers, der in der Person von Fritz Brosius, dem Sohn des alten Milwaukee'r Turnlehrer-Veteranen Georg Brosius, gefunden wurde und der bis zu seinem im Jahre 1892 erfolgten Tode Herrn Suder in der wirksamsten und fähigsten Weise zur Seite stand. Sein Nachfolger wurde Herr H. Hein, der sich in seinem Beruf so vortrefflich bewährte, daß die Turn-Gemeinde ihn, als Herr Suder wegen Ueberbürdung mit Arbeit als Turnlehrer in den städtischen Schulen Anfangs dieses Jahres sein Amt niederlegte, zu dessen Nachfolger erwählte. Am 30. September 1894 ehrte die Turn-Gemeinde Herrn Suder gelegentlich seines 15-jährigen Jubiläums als Turnlehrer durch Veranstaltung einer sinnigen Festlichkeit und Ueberreichung eines kunstvoll ausgeführten Gedenkblattes.

Die vortrefflichen turnerischen Leistungen der jungen aktiven Turner der Turn-Gemeinde haben in neuerer Zeit auch in amerikanischen Kreisen verdiente Anerkennung und Würdigung gefunden, da sich die Turner wiederholt an Veranstaltungen der „Chicago Athletic Association", z. B. an einem Turner-Wettkampf in der Waffenhalle des ersten Regiments am 2. März 1895, sowie an einem Schauturnen der genannten Organisation in ihrem Clubhaus am 24. April 1895, bei welchem die Turner Ad. Heß, Charles Enders und Emil Goetz mitwirkten, mit Auszeichnung betheiligten. Seit Anfang dieses Jahres hat sich auch der Bicycle-Sport in der Turn-Gemeinde Geltung verschafft, indem eine aus 22 Turnern bestehende Radfahrer-Sektion gegründet wurde, die wiederholt gemeinsame längere Ausfahrten veranstaltet hat.

Seit Beginn dieses Jahres hat sich innerhalb der Turn-Gemeinde auch eine Schützen-Sektion organisirt, welche an einem, auf dem Turnplatz der alten Turnhalle eingerichteten Schießstand regelmäßig Schießübungen abhält. Diese Sektion zählt bereits an die 70 bis 80 Mitglieder und hat die folgenden Beamten erwählt: Emil Bloch, Hauptmann, Chas. Stierlen, erster Offizier; Julius Zernitz, zweiter Offizier; Fritz Roth, erster Schützenmeister; Gottfried Mayer, zweiter Schützenmeister; Albert Sprünger, Oberzeiger; Louis Zierngibl, Präsident; Paul Gerhardt, Vice-Präsident; Gust. Bertes, Schatzmeister; H. H. Baumann, Sekretär.

Kerntruppen der Aktiven.

Daß die Chicago Turn-Gemeinde sich bei allen Bezirks- und Bundes-Turnfesten durch starke Betheiligung sowohl wie durch bedeutende turnerische Leistungen hervorgethan hat, ist schon an früherer Stelle erwähnt worden, und während es nicht die Absicht ist, hier alle die zahlreichen

Siegestrophäen aufzuzählen, welche einzelne Turner oder ganze Riegen auf jenen Turnieren davongetragen haben und von denen heute viele die Wände der Turnhalle schmücken, so mögen doch einige der hervorragendsten Turner, die für die Fahne der Chicago Turn-Gemeinde so manches Ehrenreis erkämpft haben, namhaft gemacht und ihren anderen Turnbrüdern als leuchtende Beispiele vorgeführt werden.

Das erste Bundes-Turnfest, an welchem der Chicago Turnverein, der Vorgänger der Turn-Gemeinde, sich betheiligte, wurde im Jahre 1857 in

Preis-Riege zum 24. Bundes-Turnfest, Newark, N. J.
Juni 1885.

Gustav Boettke.   Hans Kuhn.   Ernst Hibbeler.   William Bolthoff.   George Fromm.
Heinrich Suder, Turnlehrer.   Albert Heintz.
Otto Schmidt, Turnwart u. Vorturner.   Carl Mueller.

Belleville, Ill., abgehalten und auf diesem sowohl wie auf dem im folgenden Jahre in Milwaukee stattgefundenen war es besonders der damals noch jugendliche Turner Charles Dietrich, der ehrenvolle Preise davontrug, während auf dem Turnfest in New York, im Jahre 1864, die Turner Emil Giese und Henry Malzacher sich durch vortreffliche Leistungen auszeichneten. Als preisgekrönte Turner kehrten 1865 von dem Turnfest in Cincinnati Henry Malzacher, Aug. Rieß und J. B. Buchmann in die Heimath zurück, während das Bundes-Turnfest in Chicago im Jahre 1869 den Turnern Fritz Goetz und Martin Fiedler wohlverdiente Lorbeeren einbrachte. Mit Henry Mattern als Vorturner erwarb die Riege der Chicago Turn-Gemeinde im Jahre 1871 auf dem Turnfest in Williamsburg den ersten Riegenpreis und die Turner Fritz Probst, Edm. Fiedler, H. Leutzchen, Jul. Zimmermann, H. Essers u. A. heimsten ehrenvolle Einzelpreise ein. Zumeist dieselben Turner vertraten in würdiger Weise die Chicago Turn-Gemeinde im Jahre 1873 auf dem Bundes-Turnfest in Cincinnati, wo die Riege den zweiten Preis erbeutete.

Mit Uebergehung einiger Jahre, in denen Bundes-Turnfeste in New York, Milwaukee und Philadelphia stattfanden, sind im Folgenden die Namen der Mitglieder der Turnfest-Riegen aufgeführt, die vom Jahre 1880 an unter der Aegide des vortrefflichen Turnlehrers Heinrich Suder den ehrenvollen Ruf der Chicago Turn-Gemeinde als einer der leistungsfähigsten Vereine des Bundes zu wahren verstanden:

Turnfest in Peru, 1880.

1. Turnwart, Julius Zimmermann; 2. Turnwart, Frank Ruh.

1. Riege: August Fleck, Asmus Carr, Herm. Heinebach, Jul. Schmidt, Carl Hein, Carl Bechstein, Ad. Steible.

2. Riege: Emil Bechstein, Henry Carr, Wm. Botthoff, Wm. Fries, Fritz Frillmann, Gust. Schlichting, Hugo Fabian, Fritz Voß.

Turnfest in St. Louis, 1881.

1. Turnwart, Louis Nettelhorst; 2. Turnwart, Chas. Giesenschlag.

1. Riege: Asmus Carr, Ad. Steible, Louis Sievers, M. Winter, Herm. Heinebach, Carl Bechstein, Ad. Schleuer.

2. Riege: Henry Carr, Wm. Botthoff, Wm. Fries, Gust. Schlichting, Fritz Frillmann, Fritz Voß.

Turnfest in Ottawa, 1882.

1. Turnwart, Louis Nettelhorst; 2. Turnwart, Asmus Carr.

1. Riege: Asmus Carr, Henry Carr, Herm. Heinebach, Hans Kuhn, Wm. Botthoff, Erwin Schaefer, Louis Sievers.

2. Riege: Wm. Fries, Aug. Boerlin, Emil Bechstein, Otto Schmidt, Emil Fiedler, Chas. Wieland, Otto Stumpf.

Turnfest in Peru, 1884.

1. Turnwart, Henry Mattern.

1. Riege: Paul Pause, Asmus Carr, Henry Carr, Hans Kuhn, Herm. Heinebach, Wm. Botthoff, Chas. Woelfer.

2. Riege: Moritz Schmidt, Albert Heinze, Carl Mueller, Ernst Hibbeler, Alb. Fuchs, Robt. Rueschau, Gust. Paulsen, Herm. Michel.

Ringen: Henry Pottie.

Geschichte der Chicago Turn-Gemeinde.

Turnfest in Newark, 1885.

1. Turnwart, Otto Schmidt.

1. Riege: Otto Schmidt, Gust. Boettke, Albert Heinze, Carl Mueller, Ernst Hibbeler, Wm. Botthoff, Paul Pause, Hans Kuhn, Alb. Fuchs.

Fechter: Richard Helms, Ad. Hambrock, Moritz Boehm.

Keulenschwingen: Geo. Fromm.

Preis-Riege zum 25. Bundes-Turnfest, Cincinnati, O.
Juni 1889.

August Hachmann. Bernhard Ludwig. Jesse Smith. Gustav Boettke.
Emil Goetz. Heinrich Suder. Fritz L. Brosius. Carl Enders.
1. Ehren-Preis. Turnlehrer. Fechtlehrer.
Albert Timke. Carl M. Hibbeler.

Turnfest in South Bend, 1886.

1. Turnwart, Otto Schmidt.

1. Riege: Otto Schmidt, Gust. Boettke, Ernst Hibbeler, Carl Mueller, Wm. Botthoff, Alb. Fuchs.

2. Riege: Herm. Michel, John Schauer, Carl Enders, Carl Hibbeler, Emil Goetz, Alb. Timke.

Fechter: Herm. Michel, Fritz Hess, Jesse Smith.

Turnfest in LaSalle, 1888.

1. Turnwart, Otto Schmidt; 2. Turnwart, Fritz Rindel.

1. Riege: Otto Schmidt, Fritz Rindel, Emil Goetz, Wm. Botthoff, Carl Enders, John Schauer, Alb. Timke, Alb. Riege, Carl Hibbeler, Herm. Michel.

2. Riege: Bernhard Ludwig, Fritz Bienecke, Ray Dreyer, Geo. Michel, Albert Greiner, Emil Schultz, Chas. Jacobs, Fritz Heß.

Keulenschwingen: Alb. Engel.

Turnfest in Cincinnati, 1889.

1. Turnwart, Wm. Fries; 2. Turnwart, John Schauer.

1. Riege: Emil Goetz, Gust. Boettle, Carl Enders, Bernh. Ludwig, Carl Hibbeler, Alb. Timke, Aug. Hachmann, Jesse Smith, Alb. Riege.

Fechten: Traugott Weber, Herm. Michel, Jesse Smith.

Turnfest in Lake View, 1890.

1. Riege: Emil Goetz, Jesse Smith, Carl Enders, Bernh. Ludwig, Carl Hibbeler, John Schauer, Aug. Hachmann.

2. Riege: Ray Dreyer, Fritz Heß, Geo. Michel, Alb. Greiner, Ferd. Glas, And. Lathomus, Hub. Preß, Henry Heß.

Turnfest in St. Paul, 1891.

1. Turnwart, Fritz Bienecke.

1. Riege: Emil Goetz, Bernh. Ludwig, Carl Enders, Jesse Smith, Ray Dreyer, John Schauer, Geo. Michel.

2. Riege: Henry Heß, Emil Schultz, Alb. Greiner, And. Lathomus.

Turnfest in Milwaukee, 1893.

1. Turnwart, Ad. Hambrod; 2. Turnwart, Fritz Heß.

1. Riege: Carl Enders, Fred. Heß, Henry Heß, Bernh. Ludwig, Jos. Pfeil.

Fechten: Wm. Feldkamp, Louis Neebe, Waldemar Reinke, Alb. Fuchs, Arthur Seeger.

Turnfest in Evansville, 1894.

1. Turnwart, Carl Enders.

1. Riege: Carl Enders, Ad. Heß, Jos. Pfeil, Henry Heß, Bernh. Ludwig, Geo. Michel, John Schauer.

2. Riege: Aug. Frank, Otto Straeßle, And. Lathomus, J. Zernitz, G. G. Warren, Aler. Gold.

Keulenschwingen: Otto Hagen, Chas. Hadaut.

Fechten: Arthur Seeger, F. Turnt.

Wett-Turnen der „Chicago Athletic Association", Chicago, 1895.

Carl Enders, Bernhard Ludwig, Ad. Heß, Henry Heß, Jos. Pfeil.

Wett-Turnen der „Y. M. C. A.", Chicago, 1896.

Wm. Feldkamp, Ad. Heß, Henry Heß, J. Zernitz, Bernhard Ludwig.

Preisgekrönte Turner zum 26. Bundes-Turnfest, Milwaukee, Wis. Juli 1893.

Louis Neebe.   Fritz Hess.   Albert Fuchs   Henry Hess.   William Feldkamp.
Hermann Hein,   Adolph J. Hess   Carl Enders, Vorturner.   Joseph Pfeil.   George Heintz,
   Turnlehrer.   Waldemar Reinke.   Fechtlehrer.

Turnfest in South Bend, 1896.

1. Turnwart, Carl Enders.

1. Riege: Carl Enders, Ad. Heß, Henry Heß, Bernhard Ludwig, Wilh. Feldkamp, Jos. Pfeil.

2. Riege: Aler. Gold, J. Zernitz, G. Gauler, Emil Gold, Arthur Ernst, F. Turnt.

Staffetten-Wettlaufen: Wilh. Feldkamp, Ad. Heß, Bernh. Ludwig, Jos. Pfeil, Henry Heß, J. Zernitz.

Fechten: Arthur Seeger, J. Turnt.
Keulenschwingen: Otto Hagen, Chas. Habaul.
Rad-Wettfahren: Aler. Gold.

Als die besten Geräth-Turner der verschiedenen Turnfest-Riegen sind hervorzuheben: Aug. Fleck, Asmus Carr, Henry Carr, welch Letzterer sich besonders durch vorzügliche Haltung am Seitenpferd auszeichnete, Herm. Heinebach, Wm. Botthoff, Erwin Schaefer, Paul Pause, Otto Schmidt, Gust. Boettke, Carl Müller, Ernst Hibbeler, Carl Enders, Emil Goetz, Aug. Hachmann und Ad. Hetz. Turner Goetz führte einst in einer Vorturnerstunde einen Längensprung über zwei Längenpferde aus und in derselben Stunde gelang dem Turner Fritz Rettig die Riesengrätsche über zwei Längenpferde.

Zu den Turnern, welche sich in den verschiedenen Fächern des Volksturnens besonders hervorthaten, gehörten: Wm. Botthoff, Hans Kuhn, Alb. Heinze, Carl Mueller, Otto Schmidt, Gust. Boettle, Ernst Hibbeler, Emil Goetz, Carl Hibbeler, Bernhard Ludwig, Fritz Hetz, Henry Hetz, Ad. Hetz, Wm. Feldkamp und J. Zernitz.

Zu einzelnen Volksfächern zeichneten sich folgende Turner aus: Gewichtstemmen und Steinstoßen: Louis Nettelhorst, Ad. Steidle, Fritz Hetz, Bernh. Ludwig; Ringen: Ad. Schleuer, M. Winter, Fritz Frillmann, Gust. Boettke, Henry Pottie; Hangeln: Emil Bechstein, Carl Bechstein, John Schauer; Weitspringen: Emil Goetz, Albert Heinze, Carl Müller; Hochspringen: Hans Kuhn, Carl Hibbeler, Emil Goetz, Ad. Hetz; Stabspringen: Hans Kuhn, Wm. Botthoff, Otto Schmidt, Emil Goetz, Ad. Hetz, Henry Hetz; Treisprung: Alb. Heinze, Wm. Botthoff, Carl Müller, Ad. Hambrock, Henry Hetz, Waldemar Reinke, Wm. Feldkamp; Weithochsprung: Emil Goetz, Carl Hibbeler, Henry Hetz, Ad. Hetz, Bernh. Ludwig; Wettlaufen: Wm. Botthoff, Alb. Heinze, Emil Goetz; Keulenschwingen: Geo. Fromm, Asmus Carr, Reinh. Rueschau, Albert Engel, Otto Hagen, Chas. Habant; Fechten: Richard Helms, Ad. Hambrock, Moritz Boehm, Traugott Weber, Herm. Michel, Wm. Feldkamp, Louis Reebe, Waldemar Reinke, Alb. Fuchs, Arth. Seeger, T. Turnt; Schwimmen: Fritz Mayer, Max Koelling, Fritz Kindel, Humboldt Seher; Gerwerfen: Henry Mattern, Jul. Zimmermann, Herm. Michel, Albert Fuchs.

Der älteste aktive Turner auf dem Turnplatze ist Wm. Fries, der schon im Jahre 1880 beim Bundes-Turnfest in St. Louis in der zweiten Riege stand und heute noch regelmäßig mit den jüngeren Turnern mitturnt.

Es darf nun bei der Aufzählung der verdienstvollen Aktiven auch nicht der älteren Turner, der sogenannten „Bären", vergessen werden, deren Uebungen wohl etwas schwerfälliger und steifer, ähnlich den Bewegungen der Bären im Lincoln Park, erscheinen, die sich jedoch durch ihr treues Festhalten an dem für wahr und gut erkannten Prinzip verdient machen, daß regelmäßige, körperliche Uebungen Körper und Geist frisch und stark machen und erhalten und auf diese Weise ebenso viel zur Förderung turnerischer Ziele beitragen, wie irgend ein anderer Turner. Als die ältesten Mitglieder der Altersriege sind die Turner Conrad Heisel und John C. Walz hervorzuheben, die, obschon sie die Sechzig überschritten, dennoch seit dem Jahre 1884, in welchem die Altersriege gegründet wurde, fast jeden Freitag

Preis-Riege bei Gelegenheit des Internationalen Riegen- und Einzel-Turnens
unter den Auspizien des „Chicago Athletic Club".

Bernhard Ludwig.   Heinrich Hess.   Adolph J. Hess, 1. Gef.-Preis.   Joseph Pfeil.
  Hermann Hein, Turnlehrer.   Heinrich Suder, Turnlehrer.
And. V. Lathomus.   Carl Endors, Turnwart.   Emil Goetz.

auf dem Turnplatz zu finden sind. Ihr Beispiel, ihre Rüstigkeit und gute Laune sind ein Sporn für die Andern, ihnen nachzustreben.

Die erste Betheiligung der Altersriege an einem Turnfest fällt in das Jahr 1884, in welchem auf dem Turnfest in Peru die „Bären" Ed. Fiedler, John C. Walz, Wm. Hammermüller, Wm. Ott, Chas. Ziebrech, Bernh. Oba, Conr. Heisel und John Hochbaum die Riege bildeten. Auf dem Turnfest in South Bend im Jahre 1886 war die Altersriege zusammengesetzt wie folgt: Ed. Fiedler, John C. Walz, Wm. Ott, Wm. Hammermüller, Jul. Vahlteich, Louis Kehl, Bernh. Oba, Chas. Ziebrech, John Hochbaum, Conrad Heisel, John Smith und Wagner. An dem Turnfest in LaSalle, 1888, betheiligten sich: Louis Kehl, Geo. A. Schmidt, John Hochbaum, Wm. Hammermüller, John C. Walz, Chas. Wacker, John Smith, Conr. Heisel und Bernh. Oba, an dem Bundes-Turnfest in Cincinnati, 1889, die Turner Louis Kehl, Geo. A. Schmidt, John Walz, G. Treibus, Chas. Kiefel, Chas. Wacker, Carl Durand und Conrad Heisel, und an dem Bundes-Turnfest in Milwaukee, 1893, die Turner Louis Kehl als Vorturner, Aug. Krumm, Geo. A. Schmidt, F. E. Greiner, John Hochbaum, John C. Walz, Julius Zimmermann, Geo. Fromm, Fritz Meyer, Conrad Heisel, Geo. Bischoff, Alex und Bertram.

Der Damen-Verein.

„Ehret die Frauen, sie flechten und weben
Himmlische Rosen in's irdische Leben."

Mit diesen hochpoetischen Worten verherrlicht Schiller in seinem sinnigen Gedichte „Das Lob der Frauen" den heilsamen, veredelnden Einfluß, den die Frauen in den verschiedenartigsten Lebensverhältnissen ausüben und der auch in unserem deutschen Vereinsleben schon so häufig und in so schöner, so herzerfreuender Weise zu Tage getreten ist. Wo immer die Frauen der Mitglieder eines Vereins an dessen Bestrebungen und Interessen einen thätigen Antheil nehmen, giebt sich stets ein gesundetes Gedeihen des Vereins kund und wird derselbe sowohl in Bezug auf sein geselliges Leben wie auf seine Thätigkeit und sein Wirken auf anderen, ernsteren Gebieten auf eine höhere Stufe gehoben. In wohl wenigen Vereinen aber hat sich diese Erfahrung besser bewährt, als in der Chicago Turn-Gemeinde, in dessen umfangreichen Grenzen sich vor nunmehr achtzehn Jahren ein Damen-Verein organisirt hat, dessen Mitgliederzahl mit der Zeit auf die stattliche Höhe von 95 angewachsen ist und dessen wohlthuende und eifrige Wirksamkeit im Interesse des ganzen Vereins auf dessen wunderbares Emporblühen während der Reihe von Jahren einen bedeutenden Einfluß gehabt hat. Heute ist der Damen-Verein ein nahezu unentbehrliches, unzertrennliches Glied der Chicago Turn-Gemeinde, und bei fast allen geselligen Veranstaltungen, bei wohlthätigen und ähnlichen Bestrebungen wird die Mitwirkung der Damen ihres fördernden Einflusses wegen angestrebt.

Schon vor der festen Organisirung des Damen-Vereins hatten verschiedentlich Frauen von Mitgliedern der Turn-Gemeinde durch Uebernahme dieser oder jener Pflichten bei Veranstaltung größerer Festlichkeiten oder auch durch Arrangirung von Unterhaltungen auf eigene Hand — wir erinnern

... frühere und jetzige ....
Beamten des Damen-Vereins der Chicago Turn-Gemeinde

Frau Jacob Fleck, erste Vice-Präs.   Frau Helena Eifert, prot. Sekr.   Frau Bertha Harz-Eldred, erste corresp. Sekr.
Frau Louise Kosebagen, frühere Präs.   Frau Sophie Schuman, frühere Präs.
Frau Anton Imhof, erste Präs.   Frau Fred. Seeger, jetzige Präs.   Frau Frances Fernin, frühere Präs.
Frau Geo. A. Schmidt, Schatzm.   Frau Iba Heß, V.-Präs.   Frau E. Wm. Kaib, fr. Fin.-Sekr.   Frau Anna Straube, Fin.-Sekr.

nur an das Vielen noch in schönster Erinnerung verbliebene Schaltjahr-Kränzchen vom Jahre 1876 — um den Verein verdient gemacht, doch erst in einer am 14. Januar 1879 abgehaltenen Versammlung wurde der Damen-Verein als feste Organisation begründet. Aus der Beamtenwahl gingen die folgenden Damen als die ersten Beamten hervor: Frau Jacob Enders, jetzt Frau Anton Imhof, Präsidentin; Frau Jacob Fleck, Vice-Präsidentin; Frau J. D. Zerniß, Schatzmeisterin; Fräulein Bertha Harz, jetzt Frau Harz-Eldred, protokollirende Sekretärin; Fräulein Emma Greifenhagen, Finanz-Sekretärin.

Schon in der nächsten Versammlung am 6. Februar wurden die Statuten des Vereins, der damit den offiziellen Namen „Damen-Verein der Chicago Turn-Gemeinde" erhielt, angenommen und als Hauptzweck desselben die Aufgabe, „die Turn-Gemeinde zu unterstützen, speziell aber die Turnschule zu hegen und zu fördern, für die Vergrößerung der Bibliothek und deren allgemeine Benutzung im Verein zu wirken und bei allen geistigen und geselligen Bestrebungen der Turn-Gemeinde mitzuwirken," festgesetzt.

Zur Aufnahme in den Verein berechtigt sind indessen nicht nur Frauen und Töchter von Mitgliedern der Turn-Gemeinde, sondern auch andere Damen, die mit den Bestrebungen des Vereins sympathisiren, und als einzige Bedingungen gelten ein Lebensalter von mindestens siebzehn Jahren und ein unbescholtener Charakter.

Mit regem Eifer und thatkräftigem Streben machten sich die Damen sofort an die Erfüllung der schönen und edlen Aufgabe, die sie sich gestellt, und wie wirksam und erfolgreich sie stets ihren Pflichten nachgekommen, davon wissen die Knaben und vor Allem die Mädchen in den Turnschulen zu erzählen, denen der Damen-Verein stets sozusagen eine liebende, sorgende Mutter gewesen ist, die sie gegen alle Fährlichkeiten beschützt, mit ängstlicher Sorgfalt beaufsichtigt und für Fleiß und gutes Betragen belohnt. Zu den schönsten und ersprießlichsten Werken des Damen-Vereins gehören denn auch die alljährlich während des Sommers veranstalteten Kinderfeste im Freien, auf die sich Klein und Groß schon wochenlang vorher freut und welche für die Schüler und Schülerinnen der Zöglingsklassen stets eine reiche Quelle der herrlichsten Freuden und des reinsten Genusses sind. In früheren Jahren, als die Stadt noch nicht so ausgedehnt, hübsche, schattige Erholungsplätze noch in größerer Nähe der Stadtgrenzen und selbst innerhalb derselben zu finden, und das Marschiren der Kinder durch die Straßen noch nicht mit so großen Gefahren verknüpft war, pflegten diese Kinderfeste nach Art von Turnfahrten durch längere Fußmärsche eingeleitet zu werden, wobei dann die stolz und stramm daher marschirenden, mit Fähnlein und Kränzen geschmückten Kleinen stets ein anmuthiges, liebreizendes Bild gewährten. In neuerer Zeit jedoch hat man von diesen Ausmärschen Abstand nehmen und Straßen- und Eisenbahnen zur Benutzung nehmen müssen, um die Kinder nach den entfernter liegenden Festplätzen zu befördern. Das letzte dieser Kinderfeste, das am 15. Juli 1896 im Schützenpark zu Palos Springs stattfand, war für den Damen-Verein ein Ereigniß von besonders freudiger Bedeutung, indem ihm die Kinder eigenhändig, durch ein sinniges Gedenkschreiben, das ein jedes Kind unterzeichnet hatte, ihre Anerkennung und Dankbarkeit für die Fürsorge und Liebe, mit der er sich ihrer stets angenommen, für die unendlich zahlreichen frohen und glücklichen Stunden, die er ihnen schon bereitet, zum Ausdruck brachten.

Zu den glücklichsten Stunden aber, welche die Zöglinge den liebevollen und aufopfernden Damen verdanken, gehören unstreitig die prächtigen Weihnachtsfeste, deren Arrangement in erster Linie in den Händen des Damen-Vereins liegt und demselben als hohes Verdienst anzurechnen ist. Wie emsig und eifrig sie da schaffen und wirken, mit welcher freudigen Begeisterung sie die vielerlei Gaben und Geschenke auswählen und einkaufen, den mächtigen Weihnachtsbaum — oder gar ihrer mehrere — mit Putz und Flimmer und hunderten von buntfarbigen Kerzen ausstaffiren und schon in der Vorfreude des wahrhaft göttlichen Genusses schwelgen, mit dem sie die zahlreichen Kleinen zu beglücken gedenken! Schon diese Weihnachtsfeste allein sichern dem Damen-Verein einen dauernden Preis der Anerkennung bei dem Mutterverein, doch hat er auch in mancher anderen Hinsicht sich ehrende Lorbeeren erworben. So verdienten sich die Damen den besonderen Dank der Turn-Gemeinde durch die Anschaffung zweier kostbarer Fahnen, welche gelegentlich einer Festlichkeit am 12. April 1884 durch die damalige Präsidentin Frau Sophie Schuman dem ersten Sprecher der Turn-Gemeinde, Herrn Louis Nettelhorst, überreicht wurden. Wenn immer die aktiven Turner preis- und ruhmbeladen von Turnfesten zurückkehrten, waren es in der Regel die Damen, die für einen herzlichen Empfang sorgten, sowie durch Anfertigung von prächtig gestickten Preisbannern, deren die Turn-Gemeinde heute schon eine stattliche Anzahl aufzuweisen hat, die preisgekrönten Turner ehrten. Die Reinerträge der von Zeit zu Zeit vom Damen-Verein veranstalteten Kränzchen und Fairs verwendet er zum Besten der Turnschüler, und auch bei allen wohlthätigen Collectionen gehören die Damen stets zu den eifrigsten und rührigsten unter den Sammlern. Bei größeren Ausflügen der Turn-Gemeinde ist es häufig der Brauch, daß sich die Damen den „Herren der Schöpfung" anschließen, und daß sie bei diesen Gelegenheiten dem bekannten Spruch: „Kein Vergnügen ohne Damen", volle Geltung verschaffen, wird ihnen Niemand bestreiten.

Die Oberleitung des Vereins lag im Laufe der Jahre in den Händen der folgenden verdienstvollen Präsidentinnen: Frau Anton Imhof (1879—1883); Frau Sophie Schuman (1883—1893); Frau Louis Käsehagen (1893—1895 incl.); Frau Frances Zerniz (1896).

Die Beamten des Vereins für das Jahr 1897 sind: Frau Fred. Seeger, Präsidentin; Frau Ida Heß, Vice-Präsidentin; Frau Geo. A. Schmidt, Schatzmeisterin; Frau Anna Straube, Finanz-Sekretärin; Frau Helena Eifert, protokollirende Sekretärin.

Die Beamten.

Einen nicht geringen Theil ihrer Erfolge, ihrer kräftigen Entwickelung und ihres Fortschritts auf den mannigfachen Gebieten ihrer Bestrebungen verdankt die Chicago Turn-Gemeinde dem Umstande, daß sie es fast immer verstanden hat, die Leitung der Vereinsgeschäfte solchen Beamten zu übertragen, welche sich mit freudigem Eifer an die Erfüllung ihrer Pflichten heranmachten, denselben ihre ganze Kraft und Energie widmeten und zu dem Amte auch die nöthigen Fähigkeiten mitbrachten. Die Listen der Beamten, die vom Jahre 1868 an vollständig vorliegen, weisen zahlreiche Namen von Mitgliedern auf, die noch heute in der Gemeinde einen guten Klang haben und von denen Jeder für sich einen Theil des Verdienstes, die Chicago Turn-Gemeinde zu einem der stärksten und angesehensten deutschen Vereine der Stadt gemacht zu haben, beanspruchen kann. Während aber eine besondere Hervorhebung der Verdienste des einen oder anderen Beamten im Allgemeinen als nicht angebracht erscheint, so ist eine Ausnahme sicherlich berechtigt in dem Falle von Turner Louis Nettelhorst, der Jahre lang als erster Sprecher das Ruder führte und mit sicherer Hand den Verein durch alle weiter oben erwähnten Fährlichkeiten hindurchsteuerte, — ein Mitglied mit außergewöhnlichem Organisationstalent, bewundernswerther Thatkraft und Ausdauer, vorzüglicher Rednergabe, vor Allem aber von einem unbeugsamen, ehrlichen Charakter, der ihm die höchste Achtung der Bürgerschaft sicherte. Es ist somit erklärlich, daß, als Herr Nettelhorst am 14. März 1893 ganz unerwartet, im blühenden Mannesalter, durch eine tückische Krankheit dahingerafft wurde, die Turn-Gemeinde ihrem Schmerz, den ihr dieser schwerer Verlust bereitete, in passender Weise Ausdruck gab und das Andenken des Todten durch eine außergewöhnlich eindrucksvolle und hehre Begräbnißfeier ehrte. Zwei Jahre vorher hatte sie in ähnlicher Weise ihrem langjährigen verdienstvollen Verwalter Joseph Huhn die letzte Ehre erwiesen, und im Jahre darauf dem wackeren Hülfs-Turnlehrer Fritz Brosius. Auch durch den im Januar 1895 erfolgten Tod ihres alten Mitgliedes Jacob Fleck wurde dem Verein ein schwerer Verlust bereitet, wie denn überhaupt in einem Vereine mit so großer Mitgliederzahl — die Chicago Turn-Gemeinde zählt heute ungefähr 750 Mitglieder, darunter an die 120 aktive Turner — an denselben häufig die traurige Pflicht herantritt, einem verdienstvollen Turnbruder die letzte Ehre zu erweisen.

Geschichte der Chicago Turn-Gemeinde.

Eine vollständige Liste der Sprecher, Sekretäre und Schatzmeister der Chicago Turn-Gemeinde vom Jahre 1868 an ist in der nachstehenden Tabelle enthalten.

Datum.		1. Sprecher.	2. Sprecher.	Protok. Sekretär.	Correfp.-Sekretär.	Schatzmeister.
1868	Jan.	Arthur Erbe	Wm. Eckhardt	Julius Voigt	Moritz Fichtenberg	F. Buchmann
	Juli	Geo. von Hollen	Carl Lotz	Jos. Kaufmann	W. A. Hettich	F. Buchmann
1869	Jan.	Arthur Erbe	Wm. Eckhardt	R. W. Berlitzheimer	Fritz Gerhard	F. Buchmann
	Juli	Arthur Erbe	Wm. Eckhardt	J. H. A. Bartch	Fritz Gerhard	F. Buchmann
1870	Jan.	Jos. Kaufmann	Albert Poese	J. H. A. Bartch	J. D. Zernitz	Peter Haud
	Juli	Carl Lotz	J. D. Zernitz	Carl Meyer	Max Stern	Peter Haud
1871	Jan.	Carl Lotz	Arthur Erbe	Max Stern	Ed. Loewenthal	John E. Miller
	Juli	Jos. Kaufmann	J. D. Zernitz	Max Stern	Philip Stein	John E. Miller
1872	Jan.	Jacob Boser	Lorenz Mattern	Max Stern	Theo. Hatz	John E. Miller
	Juli	Jacob Boser	Gust. Wiehl	Jos. Staab	Louis A. Koch	John E. Miller
1873	Jan.	Jacob Boser	Gust. Wiehl	Jos. Staab	Louis A. Koch	John E. Miller
	Juli	Carl Lotz	Max Stern	Wm. F. Lambach	Theo. Hatz	John E. Miller
1874	Jan.	Arthur Erbe	J. D. Zernitz	Wm. K. Lambach	Theo. Hatz	John E. Miller
	Juli	Arthur Erbe	Jos. Staab	Wm. F. Lambach	Theo. Hatz	John E. Miller
1875	Jan.	Arthur Erbe	W. L. A. Thielepape	L. O. Kohz	R. Klappenbach	John E. Miller
	Juli	Carl Meyer	W. L. A. Thielepape	L. O. Kohz	R. Klappenbach	John E. Miller
1876	Jan.	Carl Meyer	W. L. A. Thielepape	C. F. A. Huncke	Theo. Hatz	John E. Miller
	Juli	Carl Lotz	C. F. A. Huncke	Jos. Staab	G. Brandis	John E. Miller
1877	Jan.	Jos. Kaufmann	Ab. Georg	Theo. Thielepape	Theo. Mendelsohn	John E. Miller
	Juli	Philip Stein	Jos. Kaufmann	Daniel Weil	Theo. Mendelsohn	John E. Miller
1878	Jan.	Philip Stein	Julius J. Cohen	Daniel Weil	R. Klappenbach	Chas. Steinbeis
	Juli	Emil Höchster	Julius J. Cohen	O. E. Mathern	Claus D. Meyer	Chas. Steinbeis
1879	Jan.	Emil Höchster	J. J. Cohen	O. E. Mathern	John Rumpf	John E. Miller
	Juli	Emil Höchster	J. J. Cohen	Theo. Thielepape	Louis Nettelhorst	H. Zimmermann
1880	Jan.	Jacob Boser	J. J. Cohen	Theo. Thielepape	Simon Blum	John E. Miller
	Juli	Jacob Boser	J. J. Cohen	Theo. Thielepape	S. Ledell	John E. Miller
1881	Jan.	Jacob Boser	R. Weidemann	Theo. Thielepape	Franz Arnold	John E. Miller
	Juli	Max Stern	Fritz Goetz	Jul. Zimmermann	J. D. Zernitz	John E. Miller
1882	Jan.	Max Stern	Fritz Goetz	Jul. Zimmermann	Claus D. Meyer	John E. Miller
	Juli	Max Stern	Fritz Goetz	Max Kölling	Claus D. Meyer	John E. Miller
1883	Jan.	Max Stern	Lorenz Mattern	Max Kölling	Claus D. Meyer	John E. Miller
	Juli	L. Nettelhorst	Lorenz Mattern	Carl Durand	Franz Arnold	Edm. G. Fiedler
1884	Jan.	L. Nettelhorst	Lorenz Mattern	Leo. Austrian	Ernst Dauke	Edm. G. Fiedler
	Juli	L. Nettelhorst	Lorenz Mattern	M. Löscher	Ernst Dauke	Edm. G. Fiedler
1885	Jan.	L. Nettelhorst	Lorenz Mattern	Emil DeBide	Gust. Hauser	Edm. G. Fiedler
	Juli	L. Nettelhorst	John E. Miller	Emil DeBide	Gust. Hauser	Edm. G. Fiedler
1886	Jan.	L. Nettelhorst	John E. Miller	Emil DeBide	Carl Durand	Edm. G. Fiedler
	Juli	L. Nettelhorst	John E. Miller	Emil DeBide	Carl Durand	Edm. G. Fiedler
1887	Jan.	L. Nettelhorst	John E. Miller	Julius Heinemann	Rubinstein	Edm. G. Fiedler
	Juli	L. Nettelhorst	M. Rosenthal	Leo. Austrian	Geo. A. Schmidt	Edm. G. Fiedler
1888	Jan.	L. Nettelhorst	Louis O. Kohz	Hugo Schmidt	Geo. A. Schmidt	Edm. G. Fiedler
	Juli	Louis O. Kohz	Theo. Hatz	Hugo Schmidt	Geo. A. Schmidt	Edm. G. Fiedler
1889	Jan.	Louis O. Kohz	Theo. Hatz	Hugo Schmidt	M. Loescher	Edm. G. Fiedler
	Juli	Louis O. Kohz	Theo. Hatz	Ferd. Weber	M. Loescher	Edm. G. Fiedler
1890	Jan.	M. Rosenthal	Geo. A. Schmidt	M. F. Rhode	M. Loescher	Edm. G. Fiedler
	Juli	L. Nettelhorst	Geo. A. Schmidt	Jul. Zimmermann	Emil Bloch	Edm. G. Fiedler
1891	Jan.	L. Nettelhorst	Geo. A. Schmidt	Jul. Zimmermann	Emil Bloch	Edm. G. Fiedler
	Juli	L. Nettelhorst	Geo. A. Schmidt	Carl Durand	Emil Bloch	Edm. G. Fiedler
1892	Jan.	L. Nettelhorst	Geo. A. Schmidt	Carl Durand	Emil Bloch	Edm. G. Fiedler
	Juli	L. Nettelhorst	Geo. A. Schmidt	Carl Durand	Herm. Michel	Edm. G. Fiedler
1893	Jan.	L. Nettelhorst	Geo. A. Schmidt	Carl Durand	Herm. Michel	Edm. G. Fiedler
	Juli	Geo. A. Schmidt	Lorenz Mattern	Carl Durand	Herm. Michel	Edm. G. Fiedler
1894	Jan.	Geo. A. Schmidt	Lorenz Mattern	E. W. Kalb	Emil Bloch	Edm. G. Fiedler
	Juli	Geo. A. Schmidt	Lorenz Mattern	E. W. Kalb	Emil Bloch	Edm. G. Fiedler
1895	Jan.	Geo. A. Schmidt	Lorenz Mattern	E. W. Kalb	Emil Bloch	Edm. G. Fiedler
	Juli	Geo. A. Schmidt	C. A. Hambrock	Max Wolf	Carl Durand	Edm. G. Fiedler
1896	Jan.	Geo. A. Schmidt	Theo. Hatz	E. W. Kalb	W. F. Ulrich	Edm. G. Fiedler
	Juli	Geo. A. Schmidt	Theo. Hatz	Vincent Piekarski	W. F. Ulrich	Edm. G. Fiedler
1897	Jan.	Geo. A. Schmidt	Theo. Hatz	H. H. Baumann	Wm. F. Ulrich	Edm. G. Fiedler

Die berühmten

Stieff Pianos....
..und..
Meyer u. Weber Pianos

sind unübertroffen in Bezug auf
Ton, Anschlag und Dauerhaftigkeit.

Christoph Meyer,
Traugott J. Weber.

169 Wabash Ave.

CAPITAL $500,000.

The.....
Garden City Banking and Trust Company,

134 Washington St. (Chamber of Commerce Building),
..CHICAGO..

Deutsche Bank.

James H. Gilbert, Präsident.
C. Herman Plautz, 2. Vice-Präsident.
John W. Buehler, Kassier.

... Direktoren ...

John Buehler.
C. Herman Plautz.
George C. White.
James H. Gilbert.

Jesse Spalding.
Martin B. Madden.
John W. Buehler.
Fritz Gors.
C. S. Petrie.

Wollt, Turner, Ihr nebst körperlicher Kraft
Euch frohen Sinn und Geistesfrische
wahren,
Der **Adolph Georg** im goldnen
Rebenfaft
Wird Euch das beste Mittel offenbaren

— in der —

Binger Weinstube,

164 Randolph Straße.

F. & E. S. Baumann,

Architekten und Civil-Ingenieure.

Metropolitan-Block ...

Chicago.

In jedem Haushalte willkommen!

Quaker = Brot.

Alleinige Fabrikanten:

THE HEISSLER & JUNGE CO.,

359-409 39. Straße.

CHICAGO.

ERNST HAUCK,
Dealer in
Stoves, Tin and Hardware,
Also manufacturer of Tin, Copper and Sheet Iron Work.
BAKERS' SUPPLIES.
383 DIVISION STREET,
Opp. Franklin.
GARLAND STOVES AND RANGES
Roofing, Guttering and Jobbing
done to order.

Staats Zeitung Exchange

JOS. SCHULIEN,
Eigenthümer.

Ecke Fifth Ave. und Washington Str.,

CHICAGO.

THEO. SCHREMPP,

Ecke Washington und Franklin Str.

Henry J. Berger,

MANAGER.

Hauptquartier der „Central" Turner.

Beste Biere ———
Importirte u. hiesige Weine, ic.

H. H. BAUMANN & CO.

Commissions-Geschäft

— in —

Weizen, Korn, Hafer, Schweinefleisch und Schmalz

35 BOARD OF TRADE,

Telephone, 647 Express.

CHICAGO.

Ultimo- und Baar-Verkäufe.

Wahl & Henius,

Direktoren der American Brewing Academy

—— und der ——

Versuchs-Station für Brauereien in Chicago .....

294 South Water Str.,

Chicago, Ill.

Verschafft Euch

Muskelkraft, Willensstärke und frischen Lebensmuth...

durch den Genuss von...

McAVOY'S MALT MARROW

Telephone, 257 South.   Von hervorragenden Aerzten empfohlen.

ERNST TOSETTI BREWING CO.'S PILSENER UND MÜNCHENER

HABEN DAS AMERIKANISCHE BIER AUF EINE HÖHERE STUFE GEHOBEN.

Wacker & Birk Brewing Co.

BREWERS AND BOTTLERS OF

A Special Brew for Family Use. Made of Pure Malt and Hops only.

PERFECTO

171 North Desplaines St.

TELEPHONE, MAIN 4231.

Hotel and Restaurant "Bismarck"

DEMME & ROESSLER, MANAGERS

180-182 Randolph St. Chicago

TELEPHONE MAIN 122

Adolf Cudell   Arthur Herz

Cudell & Herz,

..Architekten..

97-99-101 Metropolitan Blk.

CHICAGO.

Hill & Woltersdorf,

Architekten,

Nachfolger von
BAUER & HILL.

Lafayette Bldg., 70 La Salle St.,

Tel., Main 3960.   CHICAGO.

Julius H. Huber,

..Architect..

172 Washington Street,

Rooms 803-804,
Teutonic Building.   Chicago.

RUDOLF SEIFERT,
CIGAR MERCHANT,
S. W. COR. RANDOLPH AND LA SALLE STS.
———CHICAGO.

RUDOLPH BRAND, Pres. and Treas.
GEORGE W. KELLNER, Vice-Pres.
JAMES MILES, Sec'y.

United States Brewing Co.

of CHICAGO.

Oscar F. Mayer & Bro.

285-291 Sedgwick St.

Feine Würfte und
Weſtphäliſcher
Schinken
....Specialität....

Telephone, North 725.

H. Schlotthauer & Son

...Eiſenwaaren

328-330 Sedgwick Street,

Reell und billig.   Chicago, Ill.

Arnold Brothers...

INCORPORATED.

Butchers and Packers

Boiled Hams, Tongues, Fine
Sausage and Roasted
Meats a specialty.

145-147 West Randolph Street,

Telephone,
Main 4287.   ——— CHICAGO.

George Heinzmann & Son,

Importers, Dealers and Bottlers

Rhine, Moselle and Native

WINES

Kentucky Whiskies and Fine Brandies.

77 Fifth Avenue,

Deutſch-Amerikaniſche
Weinſtube.   ——— CHICAGO.

Wm. H. Jung,

Aelteſte
deutſche Reſtauration

106 Oſt-Randolph Str.

Die beſten Speiſen und Getränke
und prompte Bedienung.

Schützen- und Jäger-Hauptquartier,

159 Wells Str., Ede Erie Str.

Feine Weine, Spirituoſen und Cigarren.
Feiner warmer Wildpret-
Imbiß jeden Samſtag...

Fritz Roth, Eigenthümer.

The Wm. Schmidt...
...Baking Company,

Cracker-, Biscuit- und
Brod-Fabrikanten......

——— 75-81 Clybourn Ave.
CHICAGO.

Wm. Schmidt, Präſident.
Geo. Goldman, Vice-Präſident.
J. C. Glaſman, Sekretär u. Schatzmeiſter.

Independent

Brewing Association,

586-612 N. Halſted St.

zw. Blackhawk, Eaſtman
und Dayton Str.

Telephone, North 645.

JOHN T. DICKINSON, Pres't   H. WENDIUS, Sec'y & Mgr

Anchor Line C. C. Express Co.

OFFICE, 80 ADAMS STREET.
Tel., Main 3050.

Shipping Rooms and Warehouses:
399-407 INDIANA STREET.
Tel., North 1036.

Parcel Delivery.
Trunks and Baggage.
Freight.
Furniture Moving.

Fast Express to all parts of the city.

STORAGE OF MERCHANDISE AND HOUSEHOLD GOODS.....   Finest Storage and Warehouse in the City.

North Side Natatorium.

Fritz Mayer's ...
Schwimmschule
für Herren und Damen.

684 Wells-Straße ...   Eingang von Wells Straße, Clark Straße und La Salle Avenue. .....

Heiße und kalte Douche-Bäder.

☞ Unterricht im Schwimmen Specialität.

The '97 Gladiator

"THE WHEEL WITHOUT A PEER."

Gladiator
$85.00

Spartacus
$65.00

Commodore
$40.00

Strictly High Grade.
Fully Guaranteed.

Manufactured by
Gladiator Cycle Works,
109-115 W. 14th Street, ——— **Chicago.**

FRANK WENTER,
PRESIDENT.

... SEND FOR CATALOGUE ...

THE ADAM J. PRESS COMPANY.

MANUFACTURERS OF FANCY ORNAMENTAL

Picture Frame Mouldings, Picture Frames, Easels,
WALL POCKETS, ETC.

and also Jobbers of German and American Looking Glass Plates, Pictures of all kinds, Picture Backing, Screw Eyes, Picture Cord, etc.

Nos. 242, 244 and 246 North Green Street, CHICAGO.

Telephone Main 418.   *We extend a cordial invitation to the trade in general to give us a call when in the city.*

Take Milwaukee Avenue Cable Car to Green Street.   Two Blocks North.

"The Leading Fire Insurance Company of America."

ÆTNA INSURANCE COMPANY
OF HARTFORD, CONN.

BRANCH OFFICE, NO. 145 LA SALLE STREET, CHICAGO.

FIRE, MARINE AND TORNADO INSURANCE.

J. S. GADSDEN, General Agent.
L. O. KOHTZ, Ass't Gen'l Agent.

———— Secure a Policy in the ÆTNA.

L. W. HERDRICH & BRO.,
... DEALERS IN ...

California Wines and Brandies ...

169 EAST CHICAGO AVENUE,
Between Wells and Franklin Sts.,
———— CHICAGO.

Empfohlen unter reichhaltiges Lager v. n ausgesuch:
ten besten Weine.
Nach der Wohnung geliefert in Flaschen und Krugen.

Conrad Stoffregen,
Established 1872.

MERCHANT TAILOR ....

112 N. Clark St.   CHICAGO.

MINNABERG WINE CO.
California Wein Stube.

112 E. Randolph St.,
Telephone Main 2060.   CHICAGO.

LOUIS ZIERNGIBL,
PRESIDENT AND MANAGER.

CHAS. STILLE,
Wine . and . Beer . Hall
LUNCH ROOM.
Choice Wines, Liquors and Cigars.
Business Lunch from 11:30 to 1 o'clock ————

227 N. CLARK ST.,
———— CHICAGO

Immer auf dem alten Fleck ————

Aug. W. Fleck,
(Groß- und Klein-
händler in .... **Kohlen und Holz**

526 Wells-Straße,
Tel., North 143.   ———— Chicago.

South Chicago Brewing Co.

Brands:
- MALT CREAM.
- HUMMEL'S PRIDE.
- SALVATOR.

JAMES H. HILDRETH, Pres.
FRANK LEDERER, Sec.
ERNEST HUMMEL, Treas.

Tel., 41 South Chicago.

**Foot of 100th Street,
S. CHICAGO.**

Max Stern & Co.
Stationers & Printers,
84-86 Fifth Ave.
Chicago.

Telephone. Main 1365.

Notary Public.

Theatrical and Concert Manager.

ESTABLISHED 1877.

LOUIS W. H. NEEBE,

Publisher...
and Printers' Agent,

CHICAGO, ILL.
U. S. A.

OFFICE WITH
MAX STERN & CO
84-86 FIFTH AVE.

TEL:
MAIN 1365.

RESIDENCE
620 SEDGWICK ST., NEAR LINCOLN AVE

PETER HAND, Pres.   JOHN P. HEUER, Sec'y and Treas.   JOS. MEINDL, Supt.

Peter Hand Brewery Co.
37-59 Sheffield Avenue,

Telephone, North 653. ——————— Chicago.

Peter Hand's Wuerzburger.
Peter Hand's Augustiner.
Peter Hand's Elite, Special Brew.
Peter Hand's XX Pilsener.

IN BARRELS
OR
BOTTLES.

KEIL & HETTICH,
JEWELERS,

Removed to ...

94 STATE STREET,
STEWART BLDG.

N. W. Cor. Washington.

Turner, bewahrt das Auge!
Etablirt 1862.

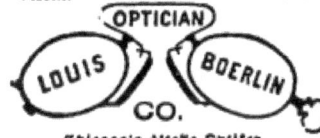

Chicago's älteste Optiker.

Barometer, Thermometer, Operngläser,
Brillen, Zwicker, u. s. w., u. s. w.

96 Washington-Straße.

Laßt Eure Augen untersuchen.
Wir thun es unentgeltlich.

John Prosser,

Saloon and Restaurant.

82 Fifth Avenue.

Caterer for
Weddings, Parties, etc.   ... Chicago.

G. MERZ & SON,
MANUFACTURERS OF ...

Cigar Boxes

DEALERS IN ALL
KINDS OF CIGAR MANUFACTURERS' SUPPLIES.

209, 211, 213 and 215 Superior Street,

A large stock of Labels, Ribbons, Moulds, Presses,
Cigar Boards and Cutters constantly on hand.   ...Chicago.

H. W. Tessendorff,
BOTTLER OF

Soda & Mineral Waters,

201, 203, 205 Webster Ave.,
Tel., North   Chicago, Ill.

F. H. Kretschmar,

Sommer - Garten

... Pavillion und Restauration ...

625-631

N. Clark-Straße,

.... Chicago, Ill.

Telephone "North 11."

ADOLPH STEIDLE,

Schilder- u. Dekorationsmaler,

164-166 Madison Street,
CHICAGO.

Skizzen und Voranschläge auf Wunsch.
Prompte und billige Bedienung.

Fritz Schoultz & Co.,
.. Garderobiere ..

223 N. Clark-Straße, ——— Chicago.

Ausstaffiren von Maskenzügen
unsere Specialität.

Tierenbilder—Photogravure nach einer Moment-Aufnahme
—— von ——

.. G. LISSAU ..
Photograph,

249 Chicago Avenue, —————— Chicago.
N. W. Ecke Clark-Straße.

PAUL POHL

BREWER OF
WEISS BEER AND PORTER.

27-35 COOPER ST., bet. Clybourn and Fullerton Aves.

TEL., NORTH 902.   CHICAGO.

Max Eberhardt,

Friedensrichter,

142-148 W. Madison St.
opp. Union Street.

Residence:
436 Ashland Boulevard,

—— Chicago.

Druckarbeiten ....

aller Art

in allen Sprachen

werden pünktlich, geschmackvoll und prompt besorgt

Office=Bücher
auf Lager und Bestellung,

sowie

Office=Utensilien

aller Art zu niedrigsten Preisen.

✱✱✱✱✱

TRADE RESPECTFULLY SOLICITED.

ESTIMATES CHEERFULLY FURNISHED.

C. O. HARZ Cab and Livery Stables

The Largest and Most Complete Livery Establishment in the World.

NORTH SIDE STABLES 528-530 N. Clark St.
     500-504 Dearborn Ave.—Tel. North 674
SOUTH SIDE STABLES—2317-2319 Wabash Ave.—Tel. South 398
     323 Thirty-fifth St.—Tel. Oakland 509
PALMER HOUSE—Telephone Main 4081
VIRGINIA HOTEL OFFICE—Telephone North 92

The only Livery running first-class two-wheel Hansoms.

CHAS. KAESTNER.   F. A. HECHT.

Established 1863.

Chas. Kaestner & Co.,

General Machinery — Breweries, Distilleries and Malt Houses ...

241-249 S. Jefferson St,

Tel., Main 4141.   Chicago.

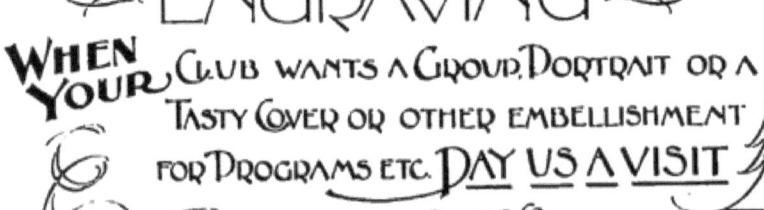

ENGRAVING

WHEN YOUR CLUB WANTS A GROUP PORTRAIT OR A TASTY COVER OR OTHER EMBELLISHMENT FOR PROGRAMS ETC. PAY US A VISIT

BLOMGREN BROS & CO.
175 MONROE ST. CHICAGO

Nordseite ...	Billiard-Halle
.. Turnhalle ..	.. und ..
.. Wirthschaft	Kegelbahn

Die beliebtesten einheimischen und importirten Biere, Weine, Liquöre und Cigarren.

THE EQUITABLE
LIFE ASSURANCE SOCIETY

OF THE UNITED STATES.

1. Januar 1897.

Aktiva,	$216,773,947
Passiva:	
Reserve-Fond und alle anderen Verbindlichkeiten,	$173,496,768
Ueberschuß,	$43,277,179

Henry B. Hyde, Präsident.
James W. Alexander, Vice-Präsident.

Zur gefälligen Beachtung meiner Freunde empfiehlt ich hierdurch vorhergehenden Ausweis der bedeutendsten Lebensversicherungs-Gesellschaft in der Welt. — Nebenstehender Brief der verehrten Wittwe unseres verstorbenen Mitbürgers Charles Kern ist ein glänzendes Zeugniß für die musterhafte Verwaltung der Gesellschaft. Sehr gerne sehe ich Anfragen für Lebensversicherung entgegen.

Henry Greenebaum,
221 Chamber of Commerce.   General-Agent.

Chicago, 8. Februar 1897.
Herrn Henry Greenebaum, Manager.

Werther Herr:

Ich quittiere hiermit den Empfang eines Checks der Equitable Life Assurance Society über die Summe von $10,799 als Bezahlung meiner Forderung, die ich am 4. d. Mts. einreichte. Dieser Betrag deckt eine Lebensversicherung von $10,000, welche mein theurer Gatte, der verstorbene Charles Kern, durch Ihre Vermittlung vor sechs Jahren erwirkte, sowie eine Prämie von $799, welche am 23. Januar bezahlt wurde, obgleich sie erst am 3. Februar fällig war. Sie schreiben, daß die Gesellschaft diese Prämie zurückzahlt, weil Herr Kern wenige Tage vor dem Verfalltage starb, und ich kann nicht umhin, Ihre Gesellschaft wegen der prompten und reellen Art und Weise, wie sie offenbar ihre Geschäfte erledigt, zu empfehlen. Da ich die Papiere am 4 eingereicht hatte, konnten sie nicht vor dem 6. Februar in der New York Office eintreffen. Noch am selben Tage wurde der Check für den Betrag ausgestellt, den Sie mir heute, am Tage der Ankunft, übersandten. Empfangen Sie meinen Dank dafür.

Achtungsvoll,

Mary A. Kern

Bleibe nicht am Boden haften,
Frisch gewagt und frisch hinaus.
Kopf und Arm mit heitern Kräften
Ueberall sind sie zu Haus.
Wo wir uns der Sonne freuen,
Sind wir jede Sorge los.
Daß wir uns in ihr zerstreuen,
Darum ist die Welt so groß.

Wenn Altmeister Goethe Gelegenheit gehabt hätte, den Ocean auf einem der modernen Riesendampfer zu befahren, würde er zweifellos noch einen Vers hinzugefügt haben, etwa folgendermaßen:

Auf den Berggipfeln kraxeln,
Scatter oder Radler sein,
Ist oft Sache der Erschöpfung
Und's Vergnügen ist nur Schein.
Willst Du Zeit und Geld recht spenden,
Mach' 'ne Reise über's Meer,
Und lös' Dein Billet bei Philipp,
Billig ist er — aber sehr!

Goethe würde vielleicht seine Gedanken in andere Worte gekleidet haben — mit der Billigkeit hat es gleichwohl seine Richtigkeit. Bevor Ihr Euch entscheidet, erkundigt Euch daher zunächst

..... wegen .....
billiger Passagepreise
nach und von Deutschland
auf allen existirenden Linien
..... bei .....

THEO. PHILIPP,
General-Agent der Hansa u. Baltischen Linie,

62 S. Clark Str. (Sherman House.)   ———— **Chicago.**